JN221436

生徒が輝く英語科授業の創出

「やめる勇気」と「一歩踏み出す勇気」をもって

生徒が輝く
英語科授業の創出

「やめる勇気」と「一歩踏み出す勇気」をもって

村端 五郎 ［著］

開拓社

はしがき

「やめる勇気」と「一歩踏み出す勇気」をもって英語教育を変えていこう！そうすれば必ずや生徒が輝く授業を創造することができるだろう。これが本書を通して著者が訴えたい基本理念である。

小学校での本格的な英語教育の**制度化**や中高での英語教育の高度化など，わが国の英語教育は大きな変革期をむかえている。しかしその一方で，図らずも小学校高学年児童の**英語嫌い**の増加や**学習意欲**の低下，中高生の上位群と下位群の学力格差の増大，いわゆる**二極化**（ふたコブ化）の問題など，大きな課題が山積している。総じていえば，わが国の英語教育は決して大きな進展を見せているとは言い難い状況にあるのではないだろうか。

これらの課題を即座に解決できる秘策を紹介するのが本書の目的ではない。そもそもそんな魔法のような方策はないだろう。立ちはだかる焦眉の課題を1つ1つ解決していくには，**英語教育の原点**に立ち返って種々の疑問を関係者自らが問い直しながら手堅く着実に実践を積み上げていくしかない。著者はそう思うのである。例えば，

- 英語教師の果たすべきミッション（使命・役割）とは何なのだろうか。
- 人は言葉（**母語**や**第2言語**など）をどのように**習得**していくのだろうか。
- 英語の授業はどのように**設計**し**実践**していけばよいのだろうか。
- **教科書本文**はどのように扱っていけばよいのだろうか。
- 自分が中高生の時に**教えられた**経験をもとに今の生徒を教えてはいないだろうか。
- 意義などをあまり深く考えずに**何となく続けている**活動はないだろうか。
- 今教室で行っている活動は生徒のどのような**学力の向上**につながって

・自分の英語の授業に**無駄な活動時間**はないだろうか。

・今教室で取り入れている各活動は生徒にとって**将来役に立つ活動**になっているだろうか。

・授業で取り入れている活動は生徒の**授業外学習**を可能にする，あるいは支えるものになっているだろうか。

これらの問いは，どれも真新しいものではない。大切なのは，常に自らの授業実践を振り返り，上記の問いに対する答えに照らして，あまり意味のない活動は勇気を出してやめよう，これまで取り入れたことのない新規な活動であっても生徒にとって将来役に立つ活動であると判断すれば勇気をもって一歩踏み出し挑戦してみよう，このような教師の姿勢ではないだろうか。教師が変わらなければ，変わろうとしなければ，授業は絶対に変わらない，生徒の輝きも期待できないのである。

もちろん変えてはならないものもある。例えば，十分な**音読指導**である。もし生徒たちが教科書の本文を自力で音読できなければ，彼らが授業外で学習することも，復習することも困難である。ましてや初見の英文を眼前にした時，その英文内容の概要・要点を的確に正確に読み取ることなど期待できるはずもない。音読指導は英語学習の基本中の基本で，これを変えてはならないのである。

本書では，わが国の英語教育の展望や課題に始まり，国の指針である学習指導要領の要点，言語習得の基本原理や英語教育の根幹に関わる諸原則についてまず概説しているが，必ずしも第1章から順に読み進めていただく必要はない。**マンネリ化**から脱却するための考え方や具体的な指導事例を随所に盛り込んでいるので，読者諸氏の課題意識，関心に応じてどの章からでも読み進めていただきたい。

ただしその際には，本書を貫く著者の英語教育に対する思い，**大前提**(premises of English education) を頭に留めた上で読んでいただきたい。

・授業の**主役は生徒**である。

・英語（外国語）は一朝一夕にそう簡単に身につくものではない。しか

し英語教師たる者は，生徒に**無駄な汗**をかかせてはならない。

・授業は生徒と教師，生徒同士の**インタラクション**で成り立つ。

・これからの英語教育で追究していきたい学習原理は，**使いながら学び，学びながら使う**ことである。

・言語習得は**意味・機能・形式の対応づけ**の結果である。

・全体的なひと塊としての**プレハブ表現**は言語習得や実際のコミュニケーション場面で重要な役割を果たす。

・言語の本質は**音声**である。したがって言語の学習は具体的な場面や状況の中でまず音声を通して学習し，その後**文字**を通してそれを確認することによって**記憶**はより**強化**される。

・英語授業で期待されるのは**教科書本文**の深い理解と十分な**音読指導**を基盤にした**技能統合型の言語活動**である。

・これからの英語科授業で育成したい主な力は**正確さ**と**適切さ**と**即興性**に関わる力である。

・これからの英語教育実践で重要になるのは**目標・指導・評価の一体化**を企図した綿密な**指導計画**とその実践である。

　本書は主として将来中高の英語教師を目指す大学生や大学院生，現職の英語教師を対象に著した小冊であるが，わが国の英語教育の展望や課題に関心のある方，自らの英語力を一層伸ばしたいと思われている方にも手に取っていただければと願っている。

　本書が，生徒が輝く英語授業のあり方・進め方を不断に追究したり，あるいは新たな視点や発想で自らの英語学習に果敢に挑戦したりする１つのきっかけとなれば大変嬉しく思う。

　最後に，開拓社編集部の川田賢氏には，本書の企画段階から出版に至るまで適切な助言をいただいた。感謝申し上げる。

令和 6（2024）年 5 月

村端　五郎

目　次

第1章　わが国の英語教育の展望と課題

1.1　英語教師のミッション（使命・役割）

　英語教師が達成すべき願い，あるいはミッションとは一体何だろうか。著者は以下のように考える。

> 英語授業において，生徒を**英語学習過程の中心**に置き（active engagement and involvement），生徒自らが学習自体に**深く関わり**，**仲間と支え合い・学び合い**ながら**言葉の意味・機能・形式**の対応関係を的確に捉えて**第2言語**である**英語を認知機構**に取り込み，場面・状況に応じて**相手の気持ちや考え**を的確に**解釈**したり，**適切な英語表現**を選択して自分の**気持ちや考え**を表現したりできるように導くこと。

　この考えの背景には，応用言語学の父と呼ばれている スティーヴン・ピット・コーダー教授が引用した，哲学者フンボルトの非常に重みのある言葉がある。

We cannot really teach language,
we can only create conditions in which it will develop spontaneously
in the mind in its own way.
（私たちは実のところ言葉を教えることなどできない。
唯一できるとすれば，それは言葉そのものが
心の中で自発的に成長する条件を創出することである。—拙訳）
Von Humboldt's statement

2

quoted by Stephen Pit Corder (1967: 169)

　教師の役割は教えることで，教師が教えれば生徒は学び取るもの，と多くの人は認識しているだろう。しかし，事はそう簡単な話ではない。多少なりとも教育経験のある人であれば，十分にそれは承知しているはずである。英語教育とて例外ではない。学びの主役は教師ではなく，**学習主体である生徒の積極的な関わりと教師や学習仲間とのやり取り**の役割が非常に大きいのである。要するに，英語教師の役割は英語を教えることではなく，英語という言葉が生徒の心の中で自発的に成長していく**学習条件（環境）**を築くこと，これがまさに教師の主たる役割であり，コーダー教授の上の引用はそれを示唆しているのである。

　このような認識を前提とすれば「**生徒が輝く英語科授業を創出する**」ためには，以下の「10 のポイント」が浮かび上がってくる。

1)　授業の**主役**は**生徒**である

　英語授業の主役（the leading role）は教師ではなく，あくまでも**学習主体**（the subject of learning）である**生徒**である。例えば，国の指針として「**授業は英語で行う**（conducting classes in English-medium instruction）」とあるが，それは教師が**一方的**にすべて英語で授業をすることを意味するものではない。**生徒の自己関与感**（engagement & involvement）を醸成しながら，教師や他の生徒との英語での**やり取り**（interaction）を通して，生徒自身の**英語での言語活動の質も量も**高めることでなければならないのである。

2)　**言語習得**の基本原理に合致した指導（第 3 章）

　言語習得（language acquisition）の基本原理は，**意味**（meaning）と**機能**（function）と**形式**（form）の**対応づけ**（mapping）である。それができていれば，例えば，ある意味，機能を相手に伝達するために適切な形式が選択され，逆に，例えば，'will' と 'be going to' のいずれかの形式を相手が選択したとすれば，それに応じて受け手は相手の意味や意図（機能）を適切に解釈することになるのである（池上 1991）。

　また，例えば 'I'm sorry.' のように，1つの形式が使用場面や状況によって異なる意味や機能，語用論的価値を担うことはまれではない（第12章を参照）。このように，実際のコミュニケーション場面において，**意味・機能・形式**の対応づけが確立されて初めて言語習得は成立するのである。このような前提を踏まえた上で，今一度自ら行っている，授業で取り入れている**学習（練習）活動や言語活動**を振り返り，**意味・機能・形式**の対応づけが明確になっているかを見直し，時には勇気をもってやめる，時には一歩踏み出して新しい言語活動に挑戦していく，このような心構えが教師に求められるのである。

3)　言語の**使用経験**を**豊か**にする

　人は，特定のコミュニケーション場面において，実際に「**言語を使用する経験**」を通して言語を獲得するという言語習得モデルがある（Lieven & Tomasello 2008：村端・村端 2020）。それは，'Usage-Based Model of Language Acquisition'（用法基盤モデルの言語習得観）と呼ばれ，人が言語を習得できるのは，相手の言葉の**意図を理解する力**（intention reading ability）と**パターンを見出す力**（pattern finding ability）があるからだとする。

　英語教育の場面にその考え方を落とし込むとすれば，まず言語活動は，単なる機械的な練習に終始することなく，話者の意図が明確に伝わるコミュニケーション活動の中で，先に述べた**意味・機能・形式**の対応づけを図る工夫をすることがまず重要である。

　次に，元来，言語というものは，すべての言語事項がバラバラな項目の集まりとして存在しているのではなく，様々な**言語レベル**（音声，語彙，文法，談話など）において，一定の法則にしたがって構成されている。そうであるとすれば，生徒の学習の根幹には，高頻度（**延べ頻度** token frequency と**タイプ頻度** type frequency）で使用される言語の中から，自らの力で言語に潜在する，このような法則，パターンに「**気づく活動**」が位置づけられなければならないだろう。これからの英語教育で拠り所とすべき理論的根拠は，「**使いながら学び，学びながら使う**（Learn as you use, use as you learn.）」（Mehisto, Marsh & Frigols（2008: 11），Ikeda et al.（2022: 28）による引用）とし

4

ばしば指摘される所以である。

4) 英語学習を**前向き**にとらえさせる（第4章）

　生徒に対して，「君たちは，母語である日本語（Japanese as a first language/mother tongue）の他に第2言語としての英語（English as a L2 [second language]）を統合した**複合的言語能力**（multi-competence）を有し，言語的にも認知的にも**ユニークな第2言語ユーザ**（linguistically and cognitively unique L2 users）である」(Murahata, Murahata & Cook 2016; 村端・村端 2016) としっかり認識させ，自分の英語力を悲観することなく，第2言語ユーザとしての**プライド**（pride）と**自信**（confidence）をもって英語学習に向き合えるように彼らを導いていかなければならない。

5) **小さな成功体験**を通して**自信**を持たせる

　同じ活動を繰り返す言語経験を通して（through repeated language using experiences），英語という言葉を**身体感覚**で操作できるようにすることで，**気がつけばできるようになっていた**，このような小さな成功体験を積み重ねさせることが望ましい。まずは教師が**前向きな姿勢**で英語指導にあたることが重要で，その上で，生徒の**小さな成功や挑戦**，**積極的な姿勢**を大いに，ときには大袈裟に，大きな声で褒めて自信を醸成することである。

6) **学習材**となる教科書**本文の題材**に興味・関心を惹きつける

　教師の一方的な説明や導入（introduction）ではなく，教師と生徒や生徒同士の**インタラクション**（interaction）を通して，**生徒自身**に関連する，あるいは**身近な話題**（familiar topics），生徒の興味や関心に沿った話題と関連づけながら題材，学習材を導入する。そうすることで教科書本文には何が書かれているのだろう，登場人物たちは何を語っているのだろう，などと興味・関心を惹きつけて英語を積極的に**読んでみたい**，それを読んで自分の気持ちや意見を**表現**してみたい，などという生徒の**学習意欲**を引き出すことである。

7)　**教科書**はあくまでも学習のための「**素材**」であると認識する

　教科書を**媒介** (a medium) としてどのような知識・スキル（技能）や関心・態度を育てるのかという視点をもつことが重要である。**教科書を教える**のではなく，**教科書で教える**と言われる理由がここにある。言い換えれば，本文は，**生徒たちの将来に備えさせるため** ('To equip students for the future' (Nuttall 1996: 38)) の**学習材**でなければならず，その教科書の内容理解にとどまらず，教科書本文を踏み石として，将来，自らの力で遂行する言語活動において求められる話し方や読み方，書き方などが身につく学びの場でなければならない。

8)　英語テクストの意味を**深く理解**させる

　まとまりのある英文（英語テクスト）を理解させる際には，その**文字通りの意味** (literal meaning, explicature) レベルの理解に留まらず，発話者や書き手の**意図**や**訴え**ようとする事柄や気持ちを，推論を働かせて含意する**機能的な意味** (functional meaning) や**社会的な意味** (social meaning) を包括した**推意** (implicature) に気づかせる，把握させることが何よりも重要である。実際のコミュニケーションでは，例えば，話者 A が，'Are these apples fresh?' と話者 B に問えば，通常 B は，A がリンゴを食べたいと思っていることを推論して，'Help yourself.'（よかったらどうぞ）などと応じるのが自然である。単に 'Yes, they are.' と応じるのは場面上，全く不自然なのである。これからの英語授業では，このようなより高度な，否ごく当たり前で自然な言葉の解釈力，言葉の機能を判断できる力を身につけさせるべきである (Richards 1980)。

9)　**言語表現**に対する**気づき** (noticing) を促す

　自分の**気持ち**や**意図**や**考え**を巧みに伝えるためには，登場人物や筆者はどのような英語表現を使っているかなど，**言語表現**に対する**気づき** (noticing) を促す指導が必要である。そのような気づきがなければ，たとえ**表現活動**の機会を生徒に与え，さあ何かを書きなさい，発表しなさい，表現しなさい，と指示したとしても生徒は何をどのように表現したらよいか，ただ戸惑って

沈黙する，あるいは白紙のままに諦めるだけだろう。

　英語の対話や文章には，因果関係や論理関係を示す**談話標識**（discourse markers）など，様々な**仕掛け**がある。そのことに生徒が気づけば，自分が何かを表現する際に，それらの仕掛けを**表現の枠組み**，**足場**として何を表現するか，すなわち**表現内容**そのもののみに集中して話したり書いたりすることができるようになるだろう。

10）　英語テクストを媒介にして**個性的，創造的に表現**させる

　言語表現に対する気づきは，単なる語句レベルに留まらない。英語テクストの**構成**（text structure）に重要な役割を果たす**プレハブ表現**なども含まれる。それらを参考に，**生徒の気持ちや考えや意見**（students' feelings, thoughts, evaluations or opinions）を表現したいと思えるような**表現活動**を多く用意していくべきであろう。そういう機会が多くあればあるほど生徒の目は輝き，自信をもって個性的で創造的な英語をどしどし発表し，かつ，聞き手にわかりやすく伝えようとする態度も同時に身につけていくことも期待できる。

　以上，自発的な言葉の発達を促す学習条件（環境）づくりという教師のミッションから敷衍した 10 のポイントを列挙してきた。しかしながら，言うまでもなく生徒が輝く英語授業を作り出すポイントはこれらがすべてではない。英語授業では，学習主体である**生徒の積極的な関わり**が重要であること，教師や学習仲間との**やり取り**を重視すること，少なくともこれら 2 点を前提にすれば，この 10 項目を補完するさらなるポイント，勘どころが浮かび上がってくるだろう。

1.2　わが国の英語教育の展望と課題

　前節で述べた事柄を着実に実践していくためには，わが国の英語教育の展望と課題を整理しておくことも必要である。まず，**明るい兆し**としては，小学校英語が制度化されたこと，それにより小中連携による英語教育の発展と

充実が図られるようになった点が挙げられる。例えば，著者が助言者として永年かかわらせてもらっている A 県の市では，小中連携のもとで英語教育推進のモデル地域にまで発展してきている学校もある。また，同県では，少人数学級の制度化が進み，35 人学級が実現し，また，ICT 活用の英語指導が広がりを見せ，教育レベルの着実な向上につながっている。

しかし，その一方で，全国的な課題でもあるが，英語学習に**否定的な小学生**も急増（全国学力・学習状況調査 2013: 23.7% → 2021: 31.5%，約 8% の増加）していること，**中学生**の英語力の**二極化**（中間層の少ない「ふたコブ化」）が進んでいること，英文の概要・要点の読み取り力の低さや英文の流れに適合した英語表現力の低さ（A 県学力定着状況調査結果の概要 2023: 28.1%；12.4%，5.9%）が目立っていること，中学校英語の「授業内容はよく分かるか」に対する否定的な回答の増加（全国学力・学習状況調査 2021: 35.7% → 2023: 43.1%，約 1.7% 増），A 県立高校 2 年生の学力最下層の増加（民間テストの基礎力診断テスト「進学できるが授業についていけず苦労する」: 2020 年度 50.4% → 2022 年度 54.8%；「授業外でほとんど学習しない」2022 年度 45.0%）などの課題も無視できない。

まずは，中学校英語の充実（**本文の概要・要点の読み取り力・流れを解釈した上での表現力**），授業外学習への対応（**いつ，何を，どこまで，どのように学習するかの指導**），新時代の英語教育に対応する**英語科教師の英語力**の向上および**指導観のパラダイムシフト**などが求められるだろう。そのための**解決の視点**としては，まず，教師も生徒も英語学習に対する**プライドと自信**を取り戻すこと（第 4 章を参照），「**読むこと・書くこと**」の活動の**充実**（第 8，9，10 章を参照），生徒にとっては主な学習材となる**教科書**の徹底した**研究**と**授業**での扱い方（導入・理解・発展），**授業外での学習方法**等の**工夫**（第 5，6，8，9，10 章を参照）があげられるだろう。

また，**学習量の増加**（語彙数 1,200 語→ 1,800 語，本文の**長文化**［例えば *Sunshine English Course* の one section］68 語 → 75 語：313 語 → 327 語）に対応した**指導の工夫**も求められる。今こそ，思いきった**英語教育のパラダイムシフト**が必要である。変えなくてよい点・変えていかなければならない点を明確にし，**マンネリ化**と**無意味な活動からの脱却**，例えば，授業開始直

後にまるで目の検査のように天気についての教師と生徒のやり取り（2.3 節を参照）は本当に意味があるのか，あいさつ表現なのにまるで体調を聞き合うような奇妙な教師と生徒とのやり取りは適切なのかなど，全ての学習活動・言語活動の**総点検**が必要だろう。これは何のための活動なのか，意味のある活動なのか，将来役に立つ活動なのか，**無駄な汗**をかかせていないか，英語教師は内省し，**やめる勇気**と**一歩踏み出す勇気**を持って，授業に無駄な時間はないかを点検すべきである。例えば，1 単位時間の中に 5 分の無駄な時間があるとして，1 年間の総授業時間数が 140 時間であれば，700 分，11.7 時間が無駄な時間になる。さらにそれを 3 年間続けたとすれば 無駄な時間は 35 時間を超えることになる。教室外では英語との接触が限定的な外国語環境にあっては，英語授業時間の 1 分 1 秒たりとも無駄にしてはならないし，この 35 時間をより有益な活動に充てていけば，生徒の学力の一層の向上にもつながるのである。

　教師が変わろうとしなければ生徒は変わらない。教師が変われば生徒も変わる。教師は，一歩踏み出す勇気を持ち，自分自身の心と向き合い，自分の考えや授業実践について省みて客観的な視点から自己の言動を振り返るという**内省的態度**をもって日々試行錯誤しながら英語教育実践を改善していく姿勢が何よりも重要であろう。また，生徒個々の**個人差**への配慮（授業での**形成的評価**（診断・再学習・個人指導））や繰り返し学習（言語使用経験の**頻度**を高める）や授業外（家庭）学習の充実を図ることも必要である。

　さらに，前述した諸課題を解決していくには，英語教師が単独で行うのは難しい面もある。**小中（中高）連携**や地域を上げての英語教育の推進（異学校種間の組織的な連携，英語教育担当者の連携，児童・生徒同士の連携，学校と家庭と地域の連携などの組織的，計画的，継続的な取り組みの充実）も緊要であろう。

> **Column 1**

英語対話（Small Talk）の構成，「ひらく・つなぐ・とじる」

「会話の組み立て」を習得するためのやり取り演習
ひらく・つなぐ・とじる（Open—Keep going—Close）

以下の **1** から **9** の順に，下線部を 1 つ 1 つ段階的に加えていきながら，出会いの「切り出し（Open）」から別れ際の「幕引き（Close）」までを円滑に，頭で考えるのではなく身体で反射的に運用できるまで練習する。英語会話は体育だ！

1　まずは出会いのあいさつから。How are you? は，疑問文の形をしているが，文字通りの意味での体調についての応答を相手に期待しているわけではない。したがって，I'm sleepy. / I'm tired. / I'm hungry. などという応答は語用論的，社会言語学的観点から適切ではない。

A:　Hi. How are you?
B:　Hi. I'm OK. How are you?
A:　I'm fine.

2　親近感を出したり，相手の存在を認めたりするため，対話者の名前を呼んであいさつを交わす。英語対話では「呼名」は非常に重要。したがって，相手の名前がわからない場合には，May I have your name, please? などと尋ねるのが一般的。

A:　Hi, <u>Satoshi</u>. How are you?
B:　Hi, <u>Mika</u>. I'm OK. How are you?
A:　I'm fine.

3　当たり障りのない，雑談，世間話（small talk）を入れる。天気のこと（It's beautiful. / It's very cold today. / Windy! / What a beautiful day!）や何か目についたもの（Oh, they are so beautiful! / I like that pretty house.）や近況などを話題にし，政治・経済，社会的な問題など，あまり重い話題は避ける。

A:　Hi, Satoshi.　How are you?

B:　Hi, Mika.　I'm OK.　How are you?

A:　I'm fine.　What's new today?（変わりないですか。）

B:　Well, nothing particular, but I got a nice T-shirt.

（えっと，特にないけど，実は良い T シャツを買ったんだよ。）

4　相手の発話に応じる。興味を示して聞き返す。日本語での対話のように，ただ「うなずく」だけでは相手は満足しない。英語では，短い言葉でもよいので，とにかく言葉で反応することが大切。質問を投げかけたり，興味を持って聞いている姿勢が相手に伝わることが重要。

A:　Hi, Satoshi.　How are you?

B:　Hi, Mika.　I'm OK.　How are you?

A:　I'm fine.　What's new today?

B:　Well, nothing particular, but I got a nice T-shirt.

A:　Oh, did you?　Do you like it?（え，そうなの。気に入ってる？）

5　問いかけに応じる。

A:　Hi, Satoshi.　How are you?

B:　Hi, Mika.　I'm OK.　How are you?

A:　I'm fine.　What's new today?

B:　Well, nothing particular, but I got a nice T-shirt.

A:　Oh, did you?　Do you like it?

B:　Of course, I love it!（もちろん，すごく気に入ってるよ。）

6　幕引きの前触れ（pre-close）を入れる。対話は唐突に終わるわけではない。閉じる前に Well, Okay などを上昇調で，相手に，「あ〜，そろそろ対話を閉じたいのだな」と察してもらい，"I have to go now." や "I just remembered something." などとコトバを添える。

A:　Hi, Satoshi.　How are you?

B:　Hi, Mika.　I'm OK.　How are you?

A:　I'm fine.　What's new today?

B:　Well, nothing particular, but I got a nice T-shirt.

A:　Oh, did you?　Do you like it?

B:　Of course, I love it!

A:　Great. Okay, I have to go now.
　　　（よかったわ。じゃあ，そろそろ行かなきゃ。）

7　良好な人間関係を維持しながら別れるための儀礼的なあいさつを入れる。"Nice talking with you." とも言う。相手の名前も添える（呼名）とより効果的である。

A:　Hi, Satoshi. How are you?

B:　Hi, Mika. I'm OK. How are you?

A:　I'm fine. What's new today?

B:　Well, nothing particular, but I got a nice T-shirt.

A:　Oh, did you? Do you like it?

B:　Of course, I love it!

A:　Great. Okay, I have to go now.

B:　Nice talking to you, Mika. （ミカさん，話ができてよかったよ。）

8　相手の儀礼的なあいさつに応じ，別れのコトバを発する。

A:　Hi, Satoshi. How are you?

B:　Hi, Mika. I'm OK. How are you?

A:　I'm fine. What's new today?

B:　Well, nothing particular, but I got a nice T-shirt.

A:　Oh, did you? Do you like it?

B:　Of course, I love it!

A:　Great. Okay, I have to go now.

B:　Nice talking to you, Mika.

A:　Nice talking to you too, Satoshi. See you.
　　　（サトシくん，私もよ。じゃあまたね。）

9　対話者の別れのコトバに応じる。

A:　Hi, Satoshi. How are you?

B:　Hi, Mika. I'm OK. How are you?

A:　I'm fine. What's new today?

B:　Well, nothing particular, but I got a nice T-shirt.

A:　Oh, did you? Do you like it?

B:　Of course, I love it!

12

A: Great. Okay, I have to go now.

B: Nice talking to you, Mika.

A: Nice talking to you too, Satoshi. See you.

B: <u>See you. Bye.</u>（じゃあね。さようなら。）

（村端五郎『英語教育のパラダイムシフト』をもとに加筆）

第 2 章　学習指導要領「外国語（英語）」の重要ポイント

2.1　不易流行 (continuity and paradigm-shift in English education)

　今わが国英語教育に求められているのは，「**何を変えないで** (continuity)，**何を変えていくか** (paradigm-shift)」という課題を，第 2 言語習得 (second language acquisition) や応用言語学 (applied linguistics)，英語学 (English linguistics) などの研究知見に基づいて発想し，実践などを通して，その課題解決に向けた手がかりを探っていくことである。

2.2　学習指導要領の重要ポイント

　学習指導要領が改定されて数年が経つが，ここでは，上記の学問領域の知見を踏まえた以下の 5 点に絞ってその重要なポイントを再確認してみよう。

1)　**蓄積**する知識・スキル（技能）の「**定着** establishment/organization」から**活用**できる知識・スキル（技能）の「**習得** entrenchment/acquisition」
　まず，このパラダイムシフトは最重要ポイントである。「**定着**」というのは，物事の静的な (static) 状態を想起させる。コミュニケーション活動においては，語彙や文法事項の知識 (grammatical competence) だけでなく，多様なコミュニケーションの目的や場面や状況に対して機動的に (flexibly)，かつ社会的にも言語的にも適切に (in linguistically and socially appropriate ways) 対応できる動的で創造的な知識・スキル（技能）(discourse competence, sociolinguistic competence, formulaic competence, pragmatic competence) が求められる。

　そのような知識・スキル（技能）は，母語習得の場合のように，実際の場面で，英語という言葉を社会的なコンテクストの中で実践しながら，下図が示すように，**意味**と**機能**と**形式**の対応づけ（mapping）による「習得」でしか身につけることはできないのである（和泉 2016）。

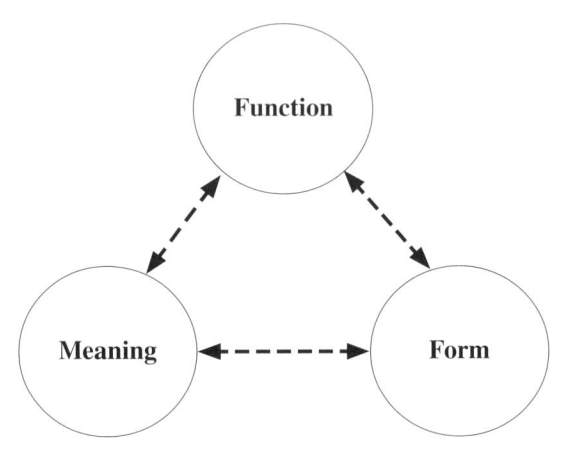

言語習得の鍵：3 要素の対応づけ

　この言語習得の基本に沿えば，英語科授業では，**学習活動**と**言語活動**を明確に区別して実践していく必要がある。

> **学習活動**：語句・表現・文法事項などの言語形式について**理解**したり**練習**したりするための活動（知識・反復・統制的）
>
> **言語活動**：**実際に英語を使用**（話したり書いたり）して互いの**考えや気持ちを伝え合う**活動やコミュニケーションを行う目的や場面，状況などに応じて，**聞き取ったり読み取ったりする**活動（活用・習得・即興的）

（　）で鍵を示したように，学習活動は，知識・反復に重点を置いた**統制的**性格の活動であり，一方，言語活動は，活用・習得を重視した**即興的**性格の強い活動（12.4 節も参照）であることが大きな相違点である。言語活動といいながら，生徒たちが実際に意味のやり取りをする場面の乏しい，実質的には

学習活動であるものも散見されるので注意を要する。これからの英語教育では知識・スキル（技能）の**活用**を重視するという意味では，後者の**言語活動**を多く取り入れていくべきことは言うまでもない。

2)　**Small Talk** を活用した言語活動の充実

　2 番目の重要ポイントは，Small Talk の導入である。Small Talk とは，単なるウォームアップや前時の復習のために行う統制的な**学習活動**（review & learning activities）ではなく，実際に英語を使って意味の伝達，本当のことをやり取りすることを主眼とした**即興性**を重んじた**言語活動**（authentic communicative activities）の 1 つである（12.4 節）。

　Small Talk は，小学校から経験してきた英語表現を習得するための活動（language acquisition activities）であり，授業の主活動・単元ゴールとなる言語活動の足場かけとなる活動（scaffolding activities）である。「帯活動」として取り入れられることが多い。

3)　**技能統合型の言語活動**

　そして，第 3 に，言語活動は単一技能のみで行われることはまれで，むしろ**複数の技能を統合**した形で行われることが多い。このことから，これからの英語教育においても，このような言語活動の性質を見据えた学習，指導が求められる。以下のように，4 領域 5 技能の様々な組み合わせが考えられる。

　　○「聞いたこと」「読んだこと」の内容を整理して友達などに英語で伝えたり，自分の意見を英語で述べたりする（話すこと［発表］・書くこと）（L・R・S[P]・W）[P = presentation]
　　○「聞いたこと」「読んだこと」の内容に対して友達などと英語で意見を述べ合う（話すこと［やり取り］）（L・R・S[I]）[I = interaction]
　　○生徒が英語で書いた英文を相互に読み合って，概要・要点を理解した上でコメントや自分の意見などを書く（W・R・W）

なお，以下に示すように，技能統合型の言語活動を進めていく上で，中高に

よって教科書の本文（テクスト）の扱い方に多少の違いがあることに留意すべきである（向後 2019）。

　（中学校英語の場合）
　　インプット（テクスト），内容（概要・要点）理解から表現へ
　（高等学校の場合）
　　題材の設定，**内容**（事実と意見の区別，主張と根拠の提示など）**の深化（テクスト）**，ディスカッション（プレゼン・ディベート）

すなわち，中学校英語では教科書本文（テクスト）は，題材や語彙・文法の学習などの**出発点**であることが多く，一方，高等学校英語では，教科書本文（時には雑誌やネット上などの英文）は，生徒たちの意見や主張を裏づけたり支持したりするための**情報ソース**となることもあるのである。

4)　まとまりのある言語活動

　4 番目に，「まとまりの言語活動」というのが重要なポイントの 1 つである。「まとまりのある言語活動」というのは，平たく言えば「まとまりのある英語」を駆使した言語活動ということである。話し言葉（spoken language）と書き言葉（written language）は，それぞれ特有の談話構成（discourse structure）で組み立てられているが，いずれの場合においても**プレハブ表現**（第 3 章を参照）が重要な役割を果たしている。また，言葉は様々な言語的なつながり（**結束性**）と意味的な一貫性（**整合性**）によってまとまりが生成されている。したがって，教師が事前に行う学習材（教科書本文）の研究においては，本文にどのような言語的，意味的な仕掛けがあるのかを見極めるため，以下の 2 点に着目して十分に分析することが必要である（詳しくは第 8 章を参照）。

　　・**結束性**（Cohesion）の 5 つの要素（まとまりを実現する言語的手段）：指示（reference），代用（substitution），省略（ellipsis），接続語（conjunction），語彙の連関（lexical chain）

　　・**整合性**（Coherence）（まとまりを実現する語用論的手段），意味的一

貫性を担保する「明意（explicature）＝文字通りの意味」と「推意（implicature）＝当該コンテクストの中で，『発話されたこと（what-is-said）』『書かれたこと（what-is-written）』を手がかりに，聞き手・読み手が推論を働かせて導く，話し手・書き手の意味（what-is-implicated）や意図（what-is-intended）」

5)　ゴール・イメージを明確にした指導計画

　最後に，具体的に，どのような英語の知識・スキル（技能）や思考・判断・表現の力，興味・関心・態度などを備えた生徒を育てるのか，英語学習のゴール・イメージ（「バックワード・デザイン（Backward Design）」）を明確化した上で，それを実現するための指導計画を作成することが強調されている点である。

以上，英語教育に対する国の指針となる現行の学習指導要領に示されている重要なポイントを整理した。これらのポイントについては，随時，後続の章で具体例をあげながら示していくことにする。

2.3　英語教育改善に向けた学習指導の検討

　このような国の指針のもとで柔軟な発想をもって英語教育を改善していかなければならないが，わが国における英語教育の背景には，限られた**学習時間数**と社会的に**限定された学習環境**とがある。そこで，教室内外で行う1つ1つの活動をまずは**省察**することが大切である。**無駄な活動**は不要なのである。前述したように，1つ1つの活動にどんな意味・意義があるのか，何のためにその活動を行っているのか，その活動はどこ（ゴール，到達点）に向かおうとしているのか，何となく行っている活動はないか，無駄な活動はないか，などについて教師は深く内省する。例えば，授業の冒頭に以下のやり取りを行う授業を目にすることが多いが，まるで目の検査のような奇妙なやり取りは果たして毎時間に行う意味があるのだろうか。

　　T:　　How is the weather today?［目の検査？］

Ss:　It's fine.

T:　Good!

また，英語のあいさつとしては，まったく不自然なやり取りを小中学校の英語授業で目にすることもまれではない（村端・村端 2017）。（＊ 印は不適切な発言を意味する）

T:　How are you, S1? ［疑問文だが，体調，健康状態を尋ねているわけではない］

S1:　*I'm tired. / *I'm hungry. / *I'm sleepy.

日本語でのあいさつでも，次のような応答は不自然ではないだろうか。

A:　こんにちは，ご機嫌いかがですか？

B:　??あ〜，田中さん，ちょっと眠いです。

つまり，How are you? も「こんにちは（ご機嫌いかがですか）」も，単なる儀礼的なやり取りであって，文字通りの意味で相手に何らかの質問をしているわけではない。この表現の意味は，単なる「あいさつ」としての機能であり，社会的な交わりに必要な言葉のやり取りなのである。中国語では，以下のように，食事をあいさつ言葉として交わすことが多いが，この場合でもご飯を食べたかどうか，文字通りに質問しているわけではない。

A:　吃饭 了 吗？（ご飯食べた？）

B:　我吃饭了。（食べたよ）

　日本のように生活言語として英語を使用しない外国語の環境においては，教室での限られた時間内に充実した言語活動を行っていかなければならない。そのためには，**活動形態の工夫**も重要である。教師と全生徒（T vs. Ss）という形態ばかりで教師が一方的に教え込むような指導は必要最低限にすべきことは言うまでもない。

　英語授業を豊かなコミュニケーション活動の場に変えていくためには，ペアやグループでの言語活動は欠かせない。その場合においても，いつもとな

り同士で固定的に同じ相手と対話させるのではなく，以下のような**回転木馬**
（メリーゴーランド Merry-Go-Round）方式（村端・村端 2020：津曲 2018）で
対話する相手を替えてやり取りさせるのも 1 つの方法である。下図のよう
に，例えば，1 列 5 人の 10 人が向き合い，端の 1 人の生徒は移動せずに固
定してその他の生徒は 1 つの対話が終了すれば時計回りに 1 つ移動する。
そうすることで，この 2 列 10 人は，9 人の相手と対話をすることができる。
もし，生徒の数が奇数であれば，教師が対話相手となって輪に入ると全員と
やり取りができるようになる。前述した Small Talk 活動の場合にぜひ勇気
をもって一歩踏み出し試行していただきたい活動形態の 1 つである。

（回転木馬方式の活動形態）

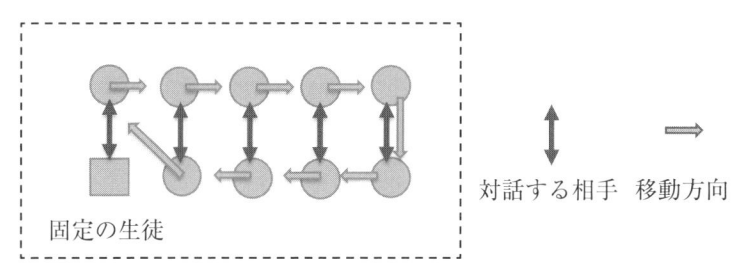

固定の生徒　　　　　　　　　　　　　　　　　　対話する相手　移動方向

第3章　言語習得のメカニズムと英語教育

3.1　言語習得の基本

　実際のコミュニケーション場面において，「**意味**（meaning）・**機能**（function）・**形式**（form）」のマッピング（対応関係）が成立する。**伝えたい内容**（意味・意図・機能）があって，その後に**形式を選択**してそれを表現するのであって，その逆ではない。言語というのは，人の認知や思考に影響を与えるという側面はあるにせよ，本来，**伝達の手段**であって**目的**ではない。

　教科書の本文は，言葉の意味や機能を明確にするコンテクストの役割を担う。したがって，これからの英語教育においては，教科書の本文を中心に，**意味・機能**を重視した豊富な言語活動（意味：字義通りの意味，機能的な意味，社会的な意味）を取り入れていく必要がある。そこでは，教師と児童・生徒を**巻込んで**（be involved），**児童・生徒自身との関係**や**身近な話題**や**真実**，**本当のこと**などについて双方向で（インタラクションを通して）意味のやり取りを行う言語活動が展開されていかなければならない。

　これからの英語教育では，**新出言語事項**（文法事項及び語彙・連語など）については，**教科書の本文**の話題や題材，具体的**内容と関連づけて導入**していく工夫を模索していくことが大切である。その際に留意したいのは，教師の一方的なイントロダクションにならないように，**生徒自身の事柄**や**身近な事柄**，興味・関心に注意を喚起させならが，**教師と生徒**あるいは**生徒同士**の**インタラクション**を通して導入していくことである（第6章を参照）。

3.2　言語習得における英語プレハブ表現の役割

　用法基盤モデルの言語習得観（Usage-Based Model of Language Acqui-sition）がある。その習得観によれば，言語は生得的実質として人間の脳内に存在し，個別言語の入力が引き金となって発現するという**生成文法論者**の言語習得観とは対極に位置し，実際の場面や状況の中で具体的な言語使用という**社会文化的な文脈**の中で**経験的基盤**に依拠しながら言語習得は達成されるとする。前者の習得過程をトップダウン式と呼べば，後者を**ボトムアップ式**と呼ぶことができるだろう。

　このボトムアップ式の言語習得観によれば，人はまずは具体的な場面や状況の中で**実際の用法**（用例）を**全体的なひと塊**（これを**プレハブ表現**という）として繰り返し聞いたり使用したりすること（high token and type frequen-cies 高い**延べ頻度**と**タイプ頻度**）によって場面や状況と形式と意味とを結びつけ（Ellis 2003），パターン認識などの認知作用によって徐々に類似した用法から枠組みを抽出できるようになり，漸進的により抽象度を増す表現枠（**スキーマ**），すなわち初期文法の発現により**言語発達**が促され，最終的にはそれまで耳にしたことのない表現を状況や場面に応じて適切に，かつ創造的に産出できる言語能力に到達すると考えられている（村端・村端 2020）。以上の概要を図に示すと以下のようになる。

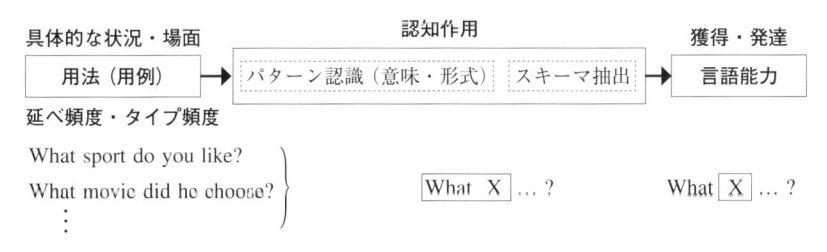

図 3.1：用法基盤モデルの言語習得観にもとづく言語能力の発達

1)　プレハブ表現とは何か

　実際の言語運用では，その都度 1 語 1 語が文法規則により組み立てられて発話されることはまれで，むしろ一塊の慣用句として発せられることが多

い。それが人の認知作用により，型が抽出され，スキーマが形成され，そして言語能力が発達していく。そういう意味では，これからの日本の英語教育ではプレハブ表現の言語習得に果たす役割の大きさをより強く認識して実践を重ねていく必要があるだろう。

さらに，プレハブ表現は，英語による伝達活動（主として，聞くこと・話すこと［やり取り・発表］・書くこと）の**足場かけ**，**自信**をもって**流暢**に伝達活動ができる基礎力にもなる。

では，具体的に，プレハブ表現はどう定義されるのか。村端（2018）は，プレハブ表現を以下のように定義している：

> 文法規則によってその都度生成されるのではなく，機能的に明確で1つの全体的塊として慣習的に使用される一連の語句や文 (p. 64)

2) 言語の発達過程におけるプレハブ表現の役割

では，具体的に，プレハブ表現は言語発達において，どのような役割を果たすのか見てみよう。人はまずは実際のコミュニケーション場面で言語の用法（用例）を全体的なひと塊 (holophrases/prefabricated expressions/routines & patterns) として繰り返し聞いたり使用したりすることによって**形式**と**意味**と**機能**とを対応づけ，漸進的に同類の用例から**パターン**を抽出し，徐々により抽象度を増す初期文法の発現により**言語発達**が促され，最終的にはそれまで耳にしたことのない表現を状況や場面に応じて適切に，創造的に産出できるようになる。したがって，言語発達上は，文法ではなく，**ひと塊りの表現**，すなわち**プレハブ表現**が言語発達の初期には大きな役割を果たすのである。

別の表現を使用するとすれば，プレハブ表現は，言語システムを構築していく際の**足場かけ** (scaffolding)，教師による足場かけ (teacher-scaffolding) と生徒自身による足場かけ (self-scaffolding)，の役割を果たすことになる。

3.3　英語プレハブ表現の形式的特徴

　次に，プレハブ表現は，どのような形式的特徴を有するのか。以下，8 つのパターンが考えられる（村端『英語プレハブ表現 317』をもとに加筆）。なお，以下における X あるいは Y は，それぞれ可変部，すなわち，様々な語句に変化して使用される，いわばスロット部を示す。

1)　**複数の語がひと塊**として使用されるプレハブ表現
　Well done! / Good job! / No problem! / After you. / Not really. / Me too. / Me neither. / Oh, really? / Not yet. など。

2)　**1 文がひと塊**として使われるプレハブ表現
　How are you? / I'm proud of you. / Thank you. / Here you are. / You're welcome. / What's the matter? / Are you OK? / Let me see. / Is that right? / Are you ready? / You know what? など。

3)　**句・文の一部の語**が変化して使用されるプレハブ表現
　It's X turn. (X = my, your, Taro's など) / What X do you like? (X = color, food, season, animal など) / Have a nice X. (X = day, evening, weekend, vacation など) / You look X today. (X = great, happy, sad, tired など) / Your X is Y. (X = English, bag, smile など；Y = great, awesome, nice など) / He makes X Y. (X = me, us, them など；Y = happy, crazy, excited など) / I believe X Y. (X = him など；Y = to keep his words など) など。

4)　**句・文の一部の句**が変化して使用されるプレハブ表現
　X suits you. (X = Your shirt, The cap, The jacket など) / Thank you for X. (X = the compliment, saying so, the gift, your advice, your concern など) / Why don't you X? (X = go first, read this, write a story about stars など) / What do you think about X? (X = his opinion, the

city's plan for a new park など) / I don't mind X. (X = the order, Momoka's plan など) / What's the best way to X? (X = write a summary, learn the passage by heart など) / May I X? (X = ask you a question, use your pen, sit here など) / I'm looking forward to X. (X = the talk, your presentation, watching your skit など) / Give X Y. (X = me, him, her など；Y = a kiss, a hug, a ball, a toy など) / We call X Y. (X = the student, her, our teacher など；Y = our hero, Mai-san, Goro-san など) / I believe X Y. (X = him, her など；Y = smart, naughty など) など。

5) 文組み立て表現が先行し後続する語（形容詞）(X) および句 (Y) が変化して使用されるプレハブ表現

 I think it X Y. (X = interesting, possible, exciting な ど；Y = to read books, to finish my report by tomorrow, to watch *samurai* movies) / I found it X Y. (X = useful, necessary, better など；Y = to learn how to recycle things, to save energy, not to do too much work など) など。

6) 文組み立て表現が先行し後続する節（文）が変化して使用されるプレハブ表現

 I think X. (X = Junko wants to join the tennis club too など) / I believe X. (X = Ayaka will arrive soon など) / I'm sure X. (X = Tomoe will become a teacher など) / It looks like X. (X = I spelled the word wrong など) / You mean X? (X = Goro lives in Kochi, Yuki is happy about it など) / I'm afraid X. (X = his answer is wrong など) / Excuse me, but X. (X = I don't think it is true など) / Are you saying X? (X = Toru doesn't want it, you don't agree with Kenta な ど) / It seems [to me] X. (X = Haruka worked very hard など) / Are you sure X? (X = this card comes first など) / The point is X. (X = we should do 4Rs to save the earth, Tomoe doesn't know where to go など) / From my point of view, X. (X = highways in Japan should be free [of charge], all students should bring their own lunches with them など) / In my opinion, X. (X = we can reuse more things など）など。なお，The point is X. の X の内部においても，Y doesn't know Z. (Y = Tomoe, John, they など；Z = where to go, what to do, when to leave など）のように複数の可変部が存在する場合もある。

7)　**文組み立て表現が先行し後続する語（形容詞）(X) および節（文）(Y)が変化して使用されるプレハブ表現**

I think it X Y. (X = crazy, wonderful, unbelievable など；Y = that Satoshi studies English more than five hours every day, that Keiko wants to become a tennis player, that Yuka passed the STEP first grade など）など。Think 後の it は形式語で具体的な内容は Y が示している。

8)　**文組み立て表現が後続し先行する節（文）（可変部）が変化して文末（一部文中）で使用されるプレハブ表現**

X, I mean. (X = Junko loves bananas など）/ On X, I mean, Y, Z. (X = Sunday；Y = Saturday；Z = Tomoe came back to Japan など）/ X, you mean. (X = Mr. Sato didn't like teaching など）/ X, if you don't mind. (X = I want to use your ruler など）/ X, if any. (X = Please ask me questions など）/ X, if you like. (X = You may go first, You can be the presenter など）/ X, if you want. (X = I'll help you, I can show you how など）/ X, I hope. (X = Tomoe will come back to Japan soon など）/ X, I wonder. (X = It will rain tomorrow など）/ X, I believe. (X = Tomoe will come see us soon など）/ X, I think. (X = Daisuke's opinion is great など）/ X, if you please. (X = Come this way など）など。

第 2 言語ユーザが目指すべきコミュニケーション能力 (Communicative Competence) というのは，そのユーザが置かれている**社会的環境，学習条件（環境）**に応じて定義されるべきであるとする考え方がある。まったく同感である。もしそうであるとすれば，わが国が置かれている学習環境，すなわち，教室外で英語を使用する機会がかなり限定的な外国語としての第 2 言語環境において英語教育が目指すべきは，まずは**教室内コミュニケーション**

能力（Classroom Communicative Competence）（Murahata & Murahata 2017）
を生徒に身につけさせることではないだろうか。生徒が教室内においてさえ
英語でコミュニケーションができないとすれば，教室外において英語でコ
ミュニケーションするなどほとんど期待できないからである。そこで重要な
役割を果たすのが上記のような非常に有用度の高いプレハブ表現である。村
端『英語プレハブ表現317』には，主として児童・生徒の教室内でのコミュ
ニケーションを想定した，3パートから成るプレハブ表現317に加えて関連
表現約1,100を紹介している。これらのプレハブ表現，**児童・生徒のための
教室英語**（classroom English for children/students）を様々な場面・状況，
コミュニケーション目的に応じて生徒が駆使できるように計画的，継続的に
指導し，コミュニケーション力の高い生徒を育てていきたいものである。

3.4　英語プレハブ表現の機能的，語用論的特徴

　では，教室内コミュニケーション能力の核となるプレハブ表現には，どの
ような機能的，語用論的特徴があるのだろうか。プレハブ表現には，次の6
つの機能的，語用論的特徴がある（村端 (2020: x-xii) をもとに一部改変）。

1)　**具体的な場面や状況**
　プレハブ表現は，Nice to meet you.（初対面の人に出会った場面）Don't
worry.（相手が落ち込んでいる場面）Let's get started.（何かを始めようとす
る場面）など，具体的な場面や状況に埋め込まれているため，**形式**と**意味**と
機能の**対応関係**（mapping）が明確で記憶に残り易く（easy to memorize），
記憶の取出しも容易（easy to retrieve）である。

2)　**隣接ペア**（adjacency pairs）
　プレハブ表現は，

　　A:　Thank you.［感謝］
　　B:　You're welcome.［受容］

のように，対話の基本単位となる**隣接ペア**（「問い [question] ― 返答 [an-swer]」,「あいさつ [greeting] ― あいさつ [greeting]」,「申出 [offer] ― 受諾 [accept]」,「依頼 [request] ― 拒否 [denial]」のように隣接する一対の表現から構成されるもの）で使用されることが多いので互いに相手の**発話を予測する**のが容易である。

3)　**認知処理**の負担の少なさ（low cognitive load）

　プレハブ表現は，Can I ask you a question? Do I understand correctly? I see what you mean. など，数語からなる表現がまるで一語のように，ひと塊として処理されるので**認知的負担が少なく**，特に学習初期段階にある人にとっては**学習が容易**（easy to learn）である。

4)　**流暢さ**（fluency）

　プレハブ表現は，What's up? What's the matter? Let me see. などのように，全体的な 1 つの音連続として表現されるので**円滑な言語運用**を可能にする。その結果，発話に流暢さをもたらす。

5)　**自信の醸成**（building confidence）

　プレハブ表現は，文法に依存してその都度分析的に組み立てられるものではなく，全体的なひと塊として，すらすらと運用されるので，自分は英語をうまく使えているという**自己有能感**（self-efficacy）が芽生え，その結果，英語でのやり取りに**自信**が持てるようになる。

6)　**やり取り構成**の組織（organizing interaction structure）

　プレハブ表現は，「**ひらく**（Open）・**つなぐ**（Keep going）・**とじる**（Close）」というように，実際のコミュニケーション場面で対話構造を組織する重要な役割を果たす。英語でのコミュニケーション活動の際，以下のように 2 人が出会って唐突に，

　　A:　What food do you like?

B: I like sushi.

という対話をしている場面に遭遇することがよくある。まるで警察署で行われる「尋問」のやり取りなので，著者は，このようなやり取りのことを「**尋問型対話**」と呼んでいる。このような不自然な尋問型対話から脱却するためには，対話の各場面を構成するプレハブ表現を身につけていく必要がある。例えば，先ほどのやり取りを以下のように，「ひらく・つなぐ・とじる」を意識して，より自然なやり取りにさせることが望ましい。

（ひらく）

A: Hi, B. How are you?

B: Hi, A. I'm OK. How are you?

A: Let's get started. Can I go first?

B: Sure.

（つなぐ）

A: OK. What food do you like?

B: I like sushi.

A: Ah, sushi. I like it too.

（とじる）

B: Good! Well, nice talking to you, A.

A: Nice talking to you too, B. See you.

B: See you! Bye.

プレハブ表現には，これら6つの機能的，語用的な特徴があることから，これからの英語教育，英語授業では，意図的，計画的，そして継続的に取り入れ，自信を持って英語でやり取りできる生徒を育成していきたい。

3.5 話し手・書き手の指示や推意（意図），その理由・根拠についての「やり取り」で活用できる英語プレハブ表現

では，実際どのようなプレハブ表現が英語の教室で使用できるのだろう

か。ここでは，村端『英語プレハブ表現 317』のパート 3「仲間と英語学習を進めるためのプレハブ表現」の中から，特に話し手・書き手の指示や推意（意図），その理由・根拠についての「やり取り」で活用できる英語プレハブ表現を紹介する。以下，番号は同書のプレハブ番号を示している。それぞれの「ポイント」や「活用例（隣接ペア）」，「関連表現」は同書の該当ページで確認していただきたい。

212. What can you see? (cf. Look at the picture on page 32. What can you see there? What can you see in the picture on page 32?)

234. Why is that?

254. Look at page 55, line 6, please. (cf. Look at the word 'it' on page 55, line 6.)

256. Could you tell us your opinion, please?

261. Does anyone have a different opinion?

262. Why do you think he broke the pot? (cf. Why do you think X?)

263. What else can you think of?

268. How do you know? (cf. What evidence do you have? / Any evidence in the story?)

277. What makes you think so? (cf. What is the reason for that? / Tell us the reason, please. / Could you give us the reason?)

278. I'll show you the evidence for that.

283. This 'it' refers to 'the house,' I think.

287. Where did you find it?

293. My view is that Taro wasn't happy about Hiroko's opinion.

297. Could you explain it in more detail?

301. The point is we should do 4Rs to save the earth.

307. What does the speaker mean by this sentence?

310. What would you do if you were the man?

また，これらの他にも，以下のプレハブ表現も気持ちや考えなどを相手にた

ずねる場面で活用できるだろう。

What do you think the speaker (writer / Yoshiko) wants to tell us?

What does Tomoe want to say by this sentence?

What do you think the speaker's (writer's / Taro's) intention is?

What do you think this 'that' is about?

What is this 'it' about?

What does 'there' in line 6 refer to?

What does this 'so' tell us?

What does 'that' in line 3 stand for?

なお，ついでながら，これらのプレハブ表現を使用した生徒同士のやり取り
を 1 つ例示するので参考にしていただきたい。*Here We Go! English Course 2*, Unit 4 を学習材として展開する授業の一場面で，下線部がよく使用されるプレハブ表現である。

S1: Kota says, 'That sounds good!' in line 5. What does 'that' refer to?

S2: Yes! Let me try.

S1: OK, S2. Go ahead.

S2: Yes. I think it refers to 'we can go to the island by ferry.'

S1: Thank you, S2. Do you agree with S2, S3?

S3: Yes.

S1: S3, you do or you don't?

S3: I do!

S1: All right. So Kota wants to say … 'I'm excited or so happy because …'?

S4: '… we can go to the island by ferry.'

S1: S4, can you say that again, please?

S4: Yes. I think Kota wants to say, 'I'm so happy because we can go to the island by ferry.'

S1:　Thank you, S4.　Have you gone on a trip by ferry?

S4:　Well, I went to Kyushu, from Ehime to Oita, by ferry two years ago.

S1:　I see.　How about you, S3. …

生徒たちが，これらのプレハブ表現を円滑に，自発的に使用できるように指導していくことが望ましい。その際，留意すべき点がいくつかある。まず，それぞれの表現がどのような**コミュニケーション上の機能**をもち，どのような状況で使用されるのかを明確に理解できる実際のコミュニケーション場面，状況の中で提示することである。その上で，教師自身も意図的，計画的に様々な場面でプレハブ表現を実際に使用してみせながら，生徒に対して繰り返し，繰り返しそのプレハブ表現に触れたり，実際に使用したりする機会を保障すること，すなわち，**経験頻度**，**使用頻度**を高めていくことが何よりも重要である。そうすることにより，生徒は必要に応じて適切なプレハブ表現を，適切な場面で，適切な形式で，表現の一部（先に述べた X, Y 部）を適宜変化させて自発的，即興的に徐々に自信をもって使用できるようになっていくだろう。

Column 2

Have fun with classroom English! (1)

授業開始直後 (Opening today's class)

T: Good morning (afternoon), class!
Ss: Good morning (afternoon), Mr. Murahata!
T: Good! Now please make pairs and say hello to each other and have a 'small talk.' First, you have to decide who goes first or next. Right?
Ss: Yes!
T: Alright! Let's get started!

⇩

S1: Good morning, Haruka. How are you?
S2: Hi, Takeshi. I'm good. How are you?
S1: Who goes first?
S2: I do!
S1: OK. Go ahead.
S2: Thank you, Takeshi. What's new today?
S1: Well, nothing particular, but I got a new T-shirt.
S1: Oh, that's nice. Do you like it?
...

小学校英語の例

S1: All right. Who goes first?
S2: Can I go first?
S1: Sure. Go ahead.
S2: Thank you. I went fishing with my father last Sunday.
S1: Oh, you went fishing. How nice! How many fish did you get?
S2: My father got five, but I got only one …
S1: OK. You got one! But don't be so sad. You're still good at fishing, I know!
S2: Thank you Yoshiko for saying so. How about you? What did you do last Sunday?
S1: Well, my grandfather visited us, so we had a good time talking with him.
S2: That's nice. Where does he live?
S1: He lives in Kochi City.
...

中学校英語の例

第4章　英語授業づくりの基本と目指すべきロールモデル

4.1　英語授業の基本

　生徒の立場に立てば，英語学習は授業単体で成立するものではない。予習（事前学習）→ 授業（事中学習）→ 復習（事後学習）→ 予習（事前学習）…のサイクルで英語学習は成り立つものである。言うまでもなく，学年，学習段階によって，それぞれの重みは異なるだろう。

　また，**教科書を**教えるのではなく，**教科書で**教える，と言われることが多いが，**教科書**は，あくまでも**素材**（教師の立場）であり，**学習材**（生徒の立場）である，という前提に立つことが重要である。その上，教科書の当該本文の内容が理解できればそれで良いのではなく，教科書を使って授業を行っていく場合には，内容理解法が生徒に身につくように授業を設計していく必要がある。Nuttall（1996）の言葉を借りれば，学習指導のねらいは，"to equip students for the future"（p. 38）（**生徒たちの将来に備えさせるため**）にあるからである。すなわち，事後学習として自主的に復習したり，将来，初見の英文に生徒が出会ったときに自らの力で読んだり，表現したりする**読解・表現ストラテジー**を身につけさせる，将来，英語話者と対峙したときに自らの力で，英語でやり取りできる**対話力，コミュニケーション・ストラテジー**を養成する，これが教室での言語活動を中心に据えた英語授業の本質なのである。

　具体的には，どのような英語の知識・スキル（技能）や思考・判断・表現の力，興味・関心・態度などを備えた中学生を育てるのか，中学校英語の**ゴール・イメージ（バックワード・デザイン）**を明確化した上で**指導計画**を作成することが求められる。

　また，元来，教科書というのは，検定制度の枠組みの中で制作されるため，ページ数や著作権の問題，全国一律で何年もの使用に耐えられるような倫理上や汎用性の問題など，様々な制約が課され，色々な意味で**教科書**というのは**限界**がある。そのため，教科書を使用する教師が，学力や生徒の興味・関心や地域の実態などを考慮して独自に**学習材を開発**していくことが求められる（和泉 2016: 99-100）。

　また，**最初から正確さを求める** "Get it right from the beginning" ではなく，**最終的に正確さが身につけば良い** "Get it right in the end" という態度を持つことも重要である。そのためには，FonF (Focus-on-Form) **の考え方**，すなわち，**意味内容とコンテクスト**がある言語使用環境の中で，必要な**言語形式**に相応の**注意を向けていく**ことで（池上 1991），流暢かつ正確な言語能力の育成を目指すこと（和泉 2016）が求められる。

　そのような考え方に沿った指導法の 1 つに CLIL (Content and Language Integrated Learning) というのがある。この指導法は，言語学習と内容学習を融合して教える中で，外国語の「聞く」「話す」「読む」「書く」の**4 技能の育成を目指す教育アプローチ**である。「4 つの C」と呼ばれる，Content (**内容**)，Communication (**言語**)，Cognition (**思考**)，Community (**協学**) を統合した形で，言語教育の質的向上をねらいとしている（和泉 2016: 2-3）。この指導法は，実際のコミュニケーション場面で活用できる知識・スキル（技能）や表現力を身につけることを目標とするこれからのわが国の英語教育に対して有用なヒントを与えてくれる。

4.2　目標とすべきロールモデル

　では，わが国の英語教育では，どのようなゴール，人間を育成することを目指せばよいのだろうか。以下，応用言語学の分野で示されているユニークな視座の 1 つを紹介する。

1)　第 2 言語（英語）ユーザ (second language users)
　日本語を母語とする自分が，第 2 言語としての英語を必死に身につけて，

たとえ英語母語話者の知識・スキル（技能）には及ばないまでも，英語をコミュニケーションの手段として何とか使用できれば，何ら恥ずべきではない（Cook 2002；和泉 2016；村端・村端 2016）。そのため，自分自身を，

> We're not failed native speakers of English! We're are second language(L2)users who are unique persons with more than one language in the same mind. And consequently, we're both linguistically and cognitively different from monolinguals who only know one language.
> （私たちは**成り損ないの英語母語話者**ではない！　私たちは**第 2 言語ユーザ**であり，1 つの心の中に複数の言語をもつ**ユニークな人間**なのである。その結果，私たちは単一言語しか知らない**モノリンガル**とは言語的にも認知的にも異なる存在なのである。）

と捉え，英語は母語ではなく，第 2 言語なので誤りを冒すのは当たり前，母語の使用の際にも間違えることさえあるのだから，自らを否定的，悲観的に考えずに，1 人のユニークな存在として**自信**と**誇り**をもって英語学習に向き合うべきなのである。

　また，私たちがどんなに頑張っても英語の母語話者になることはできない。だとすれば，英語学習の目標，ロールモデルとすべきは必ずしも英語母語話者ではなく，むしろ多少なりとも英語でコミュニケーションを行うことのできる第 2 言語ユーザではないだろうか。

2)　複合的言語能力（multi-competence）と**複合的認知能力**（multi-cognition）

　英語（第 2 言語）ユーザは，成り損ないの英語母語話者（failed native speakers of English）ではない，英語や日本語など単一言語しか知らない人とは言語的（ことば）にも認知的（心）にも異なる，と上で述べたが，それは具体的にどういうことなのか。それは，下図が示すように，第 2 言語ユーザは，自らの L1 **母語**：first language [100%] と学習途上の IL **中間言語**：interlanguage [35%] を加えた MC **複合的言語能力**：multi-competence [135%] を備えた存在なのである（村端 2018）。

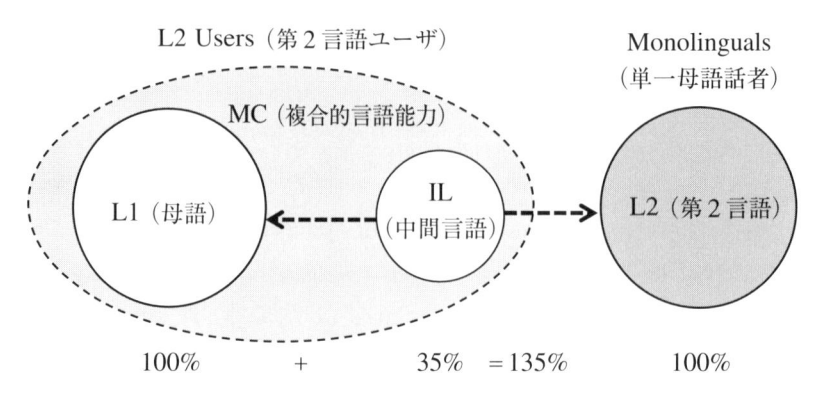

複合的言語能力（multi-competence）の概念図（村端（2018: 44）に基づく）

　上の図の**中間言語**（例えば35%）というのは，学習途上のわれわれの英語知識，英語力を指しているが，一般的に日本人は，この中間言語のみに目を向けて，自分は英語ができないと悲観的に捉える。自分の**母語**（100%）の存在を忘れていることが多いからである。1人の人間の心の中に母語と中間言語がある場合，それぞれが完全に分離して存在しているとは考えにくい。そうであるとすれば，われわれ第2言語ユーザは，単一言語話者の言語能力（100%）よりも遥かに豊かな言語能力（例えば135%），すなわち，**複合的言語能力**をもっていると見るべきなのである。

　また，第2言語の学習は，第2言語ユーザの認知にも影響を与えるとすれば（村端・村端 2016），言語能力の場合と同じように，第2言語ユーザの認知能力は単一言語話者のそれよりも豊かである可能性も十分にある。そういう意味では，第2言語ユーザは，複合的言語能力と同時に**複合的認知能力**を有していると言っても過言ではないのである（Murahata 2010）。第2言語ユーザの豊かな複合的言語能力（ことば）と複合的認知能力（心）の具体的な事例は，村端・村端『第2言語ユーザのことばと心』を参照されたい。

Column 3

生徒が輝く英語科授業づくりのための「チェック・ポイント30」

I.　Before-Class（授業前）

□ 1.　**生徒の実態**（既習学習事項や定着度，個人差，興味・関心，学級の人間関係など）は把握できているか。

□ 2.　本単元は，どのような**資質・能力**などを育成するのに好適かを分析した上で，**単元計画**ができているか。

□ 3.　**本時の目標**は，単元計画に沿ったもので，かつ，抽象的ではなく生徒の**具体的な行動，パフォーマンス**がイメージできる表現で記述されているか。

□ 4.　本時で扱う**学習材の研究**（本文の概要・要点，結束関係・整合性，新出言語事項と場面・状況・機能の対応関係，予想できる困難点など）はできているか。

□ 5.　本時の諸学習活動は**円滑**に流れるように計画され，学習形態，評価規準・評価方法を含めた**学習指導全体の展開見通し**はできているか。

□ 6.　本時の目標に照らして，生徒の具体的な**ゴール・イメージ**ができているか。

□ 7.　本時の開始から終了までの間に発出する（英語での）**指示や発問**の準備はできているか。

□ 8.　一方的に教えるのではなく，生徒の**気づきを促す学習内容や場面**は用意できているか。

□ 9.　本時の**評価計画**と**板書計画**はできているか。

□ 10.　本時で使用する**教具**（ハンドアウトや PPT スライドなど）の準備はできているか。

II.　During-Class（授業中）

□ 1.　授業の**展開**は，計画通りに進んでいるか。

□ 2.　教師の**指示・発問**は一人ひとりの生徒に的確に伝わっているか。

- [ ] 3. 学習活動や言語活動は，教師の**一方的な説明や指導**ではなく，生徒と教師や生徒同士のインタラクションを多く取り入れて展開しているか。
- [ ] 4. 各活動の終わりに，**理解度や達成度**を確かめるための**形成的評価**を行っているか。
- [ ] 5. **理解度や達成度**が低い場合，急いで次の活動に移らずに立ちどまって対応しているか。
- [ ] 6. **具体的な場面・状況・機能**と**言語事項の対応**をわかりやすく提示しているか。
- [ ] 7. 中位から下の生徒も**授業に参加**できているか。
- [ ] 8. 生徒の**疑問点や困難点**，誤りなどへの対応を適切に行っているか。
- [ ] 9. 褒めたり励ましたり，**前向きな言葉がけ**を行っているか。
- [ ] 10. 次時までに行う**授業外学習**の指示を行っているか。

III. After-Class（授業後）

- [ ] 1. 本時の展開で，**やり残した学習活動**はないか。
- [ ] 2. 生徒に**インタラクションや英語を使用する**機会を十分に与えたか。
- [ ] 3. 次時に**補足**したり**追学習**させたりする必要のある事項はあったか。
- [ ] 4. 本時の**目標達成の検証**は行ったか。
- [ ] 5. 授業後に**個人的な対応**が必要な生徒はいなかったか。
- [ ] 6. 予想できなかった**生徒のつまずき箇所**はなかったか。
- [ ] 7. 生徒の**授業振り返りの結果**は良好だったか。
- [ ] 8. 用意した**教具**には改善の余地はなかったか。
- [ ] 9. **板書計画**で改善すべき点はなかったか。
- [ ] 10. 本時目標の**評価規準（ルーブリック評価）**に照らした生徒の**達成度**を把握，記録できたか。

第5章　英語授業の基本的な流れ

(1)　あいさつ（Greetings）

(2)　復習（Review）

(3)　本時学習材の導入（Introduction of today's new learning materials）

(4)　読解に関する活動（Comprehension activities）

(5)　表現・技能統合型の活動（Production/skill-integrated activities）

(6)　まとめ・振り返り（Wrapping-up/Reflection）

(7)　あいさつ（Greetings）

　上の（1）から（7）の分節は，英語授業の基本的な流れを示している。本章では，以降，この流れに沿って各分節において留意すべき点などについて検討していきたい。

5.1　あいさつ（Greetings）

　まず，授業開始直後には，英語であいさつを交わすことが多い。これからしっかり英語学習に取り組んでいこうという動機づけとしても重要である。しかし，これまで何度か触れてきたが，以下のような無意味なやり取り，単調なやり取りは，特別何らかの目的，意図のない限りにおいては勇気を出して見直していく必要はないだろうか。

　×How is the weather today?

　　［特別な理由がない限り，こんなやり取りは有意味？　必要？　単なる
　　目の検査？ What day is it today? / What's the date today? も同様に
　　見直しては？］
　×How are you?　*I'm sleepy/tired/hungry etc.
　　［不適切で対話者は戸惑う応答］
　×T → Ss のみの一方的なやり取り（NG!)
　　［生徒同士での Greetings を導入することも検討しては］

このようなやり取りをすることで生徒の学習意欲は高まるだろうか。生徒は
輝くだろうか。むしろ，チャイムが鳴ると同時に Small Talk 活動に入り，
その一部として以下のように指示を出して生徒同士で Greetings させる方法
もあるのではないだろうか。

　T:　OK, class. Make pairs and say hello to each other. And choose
　　　one of the topics on the PPT slide. Ready? Get started!

5.2　復習 (Review)

　この分節では，前時学習内容の復習を中心に，以下の活動内容が含まれる
だろう。

1)　前時学習内容の確認，補充，強化
2)　前時の言語項目（語彙・表現・構文など）の理解度を確認
3)　Small Talk(自発的な言語使用活動 (spontaneous language using
　　activities)
4)　再話 (Show-and-Tell/Story Retelling . Picture Card などを見せな
　　がら前時学習内容の口頭でのやり取り)

　この分節においては，いわゆる「**帯活動**」と称して，様々な学習活動や言
語活動を継続的に取り組んでいく場合もあるだろう。いずれの内容を扱うに
せよ，本時の学習に円滑に入っていく，つないでいくための活動を取り入れ
ていくのが望ましい。

5.3 本時学習材の導入 (Introduction of today's new learning materials)

1) 本時の「Lesson goal」の提示と共有

　ここでは，単元目標・単元計画を踏まえて設定した授業の目標を生徒と共有する。その場合，以下の例のような**形式学習主義**，すなわち，ただ単に言語事項（文法項目含む）の学習・定着を目指す目標はあまり望ましくない。

例）　"make＋A＋B，call＋A＋B" の語順などの特徴について理解し，適切な場面で使うことができる。

　むしろ，**目的達成主義**，英語を通して何ができて，どのような言語活動を行おうとするのか，場面・状況やコミュニケーション目的に応じた英語による**言語活動**が望まれる。下の例のように，言語項目の学習以外の何らかのコミュニケーション目的達成のための言語活動である。

　　例）　身近な人，動物や事柄を他人に紹介する場面で，お互いにそれらを自分は何と呼んだり自分にどのような影響を与えたりしているかなどについて，気持ちを込めて伝え合うことができる。

　言うまでもなく，言語事項（文法項目含む）の学習・定着は必要である。しかし，国の指針にも明記されているが，言語事項（文法項目含む）は，あくまでもコミュニケーション活動，言語活動を支えるものであることに留意すべきである。

2) オーラル・インタラクション (Oral Interaction)（第 6 章を参照）

　まず，この分節では，**話題（主題）**，**語彙・表現の導入**を行う。新出学習材を何の脈絡もなく，バラバラに導入するのではなく，扱う題材（トピック，主題）と関連のある，わかりやすい場面・状況を設定した上で，**生徒の身近な事柄**，**クラスの生徒自身の事柄**などに随時触れながら導入することが肝要である。

　さらに，既習（あるいは生徒が理解できそうな未習）の言語事項をフルに

活用した生徒との口頭でのやり取り（interaction）を通して，題材に関する興味・関心を喚起したり，**背景的知識**や**関連知識（スキーマ）**を活性化したりすることも大切である。

　例えば，新出語句を導入する場合，教科書の各ページに表示されている新出語を語レベルでバラバラに提示するのではなく，以下のように，意味をなす句（チャンク），本文中で使われている表現単位，動詞には to を付す，などの工夫をして提示することもできる。

　　（語レベルのバラバラな提示）
　　　unique, precious, select, natural, cultural, standard, conference
　　（意味をなす句（チャンク），本文中で使われている表現単位で提示）
　　　unique places, a precious site, to be selected, natural/cultural heritage sites, the selection standard, The UNESXO General Conference

　また，生徒の人間関係などに十分配慮した上で，'Who is a unique student in this class?' や 'What is the most precious thing for you?', 'Do you know anything about Ms. Tsugumi Sakurai? She is a graduate of Noichi Junior High School in Konan-City, Kochi, our school! （本校の卒業生） She was selected as one of the wrestling team for the 2024 Olympic Games in France. Right?' などとクラスの生徒などのことを話題にして**新出語句を身近な話題の中で**実際に使って見せて印象づければ，語句の理解も一層深まり，生徒の目も輝くことだろう。

　次に，**文法事項の導入**については，従来型の導入では，新出文法事項の提示 → 機械的な練習 → 応用練習という流れであったが，これからの英語授業で目指したい導入は，「意味のあるコミュニケーション活動の中で**聴かせる，気づかせる，使わせてみる**」という，いわば，**使いながら学び，学びながら使う**（Learn as you use, use as you learn.）という観点から発想して考えていくべきだろう。さらに，文法事項の導入で重要なポイントは以下の通りである。

・言葉の意味や機能を無視した機械的な練習は避けること

・「丸ごと表現」から「分析（変化）・創造的な表現」へと移行すること

・表現に潜在するパターンに気づかせる活動を入れること

例えば，「tell/ask/want＋人＋to 不定詞」表現導入の場合，次のような Sentence Matching Task（文マッチング課題）を与えるのはどうだろうか。**隣接ペア**となる文をマッチングさせる課題である。生徒の実態により，状況を示す a から e の刺激文は日本語でもよいだろう。[1]

    a. Takeo doesn't know how to get to the bus stop.

    b. I was very thirsty.

    c. Tomoe is very good at music.

    d. We are going to have curry-and-rice for dinner.

    e. Haruka had a difficulty in answering the question.

    So …

    1. I asked my mother to give me some water.

    2. he wanted the man to show him the way.

    3. my mother told me to buy some carrots and potatoes.

    4. she asked Fumiko to help her.

    5. we asked her to play the piano.

マッチングの確認後に，表現のパターン（構成要素［意味的なかたまり］や語順）に気づかせる活動を入れる。教師は，気づいた点を以下のように板書することも考えられる。

人＋ ask/tell/want ＋別の人＋to ～ （別の人に～を頼む）

I asked my mother to give me some water.　X ask/tell/want Y Z.

なお，これからの英語授業では，文法事項の整理，定着を図る活動は，教科書本文の聴解・読解の後で行うことも積極的に検討していくべきだろう。

---

[1] 解答例：a-2, b-1, c-5, d-3, e-4

いずれ自力で長文の英文を聞いたり読んだりする際には，必ず自分の馴染みのない語句や表現（文法事項）が出てくるものである。その際には，前後の**文脈**や**言語外情報**から推論を働かせて意味や意図を解釈することが求められる。必ずそういうときがやってくる。そういう場合に備える意味でも，いつもボトムアップ式で語句や文法事項を整理した上で聴解，読解の活動するのではなく，ときには未知の語句，表現がある中でトップダウン式に聴解，読解に挑戦させることも必要である。

5.4　聴解・読解に関する活動 (Comprehension activities)（第 8, 9 章を参照）

1)　本文の概要・要点の把握

　この分節では教科書本文の導入，提示ということになる。教師による**範読**あるいは CD による導入が一般的である。概要・要点を聞き取りさせる活動を入れたり，**黙読**させて，概要・要点を把握させたりすることが主な活動になるだろう。

　聴解，読解の前にキーワード（コンセプト），重要文（話し手や書き手が一番言いたいこと，伝えたいこと，主張したいことなど）を把握させる指示を出したり，**手がかり発問** signpost Qs を提示（内容理解を助けるための事前発問）したりすることも考えられる。

　また，理解を促すための活動 (comprehension activities) として，**マクロな視点**から概要・要点の把握と共有する活動（**ストーリー（コンセプト）・マッピング**の作図など）(Irwin 1991: 55ff) や，**ミクロな視点**から，結束性（指示語・接続語など）・整合性（話し手や書き手の意図）の把握と共有する活動 (conversation や passage で使われている英語表現に注意を向けさせる工夫) (Irwin 1991: 31ff) も考えられる。

　さらに，**個人差への配慮**として，**困難点（つまずき）**の確認と共有も欠かせない。学力差が徐々に大きくなり「ふたコブ化現象」が生じている状況を考えれば，この個人差への配慮はこれからますます重要になってくるだろう。

　そして，内容理解を再確認したり，深化させたりするための様々な発問（事中及び事後：**事実発問** display Qs，**推論発問** inferential Qs，**評価発問** evaluative Qs）により，授業の最終段階に行う**音読指導や技能統合型言語活動**（Retelling や Show-and-Tell，Summing-up など）へとつないでいくための分節，活動である。この本文内容の読解や深化のための「**発問** Questions」は極めて重要なので，以下に１つの例を示したい（*New Crown English Series 2*, Lesson 3, Part 1 (p. 40)）。

　高原に森林学校に来ているケイトたちは，クラスで朝からハイキングに出かけた。

Mr. Oka:　　Look! There is a sign over there. We're almost at the top.

Kate:　　　Is there anything to see from the top?

Mr. Oka:　　Yes, there are. There are two round lakes in the valley.

　　　　　　　　. . . . . .

Kate:　　　We made it, finally. Oh no, we can't see anything.

Mr. Oka:　　It's because of the fog.

Kate:　　　Well, it's beautiful like a sea of clouds.

Type 1)　　**事実発問**（DQ: display questions，**本文に書かれている具体的な事実（明意）などを導く発問**）

　〈Yes-No 疑問文や Which/Or 選択疑問文，Who, What, Where, When, Why, How の疑問詞を使った発問〉

　-Who are talking?

　-What are they talking about?

　-Which are in the valley, rivers or lakes?

　-How many lakes are there in the valley?

　-Are the lakes in the valley square (oval, rectangle or triangle)?

　-Did they go up to the top of the mountain?

　-Could they see the lakes?

–What does 'it' in the last line refer to? [referential questions]

Type 2)　推論発問 (IQ: inferential questions, 本文には直接書かれてはいないが，書かれている内容から推論を働かせて推意（含意・暗意, implicature）や今後の展開予測（prediction）などを導く発問)

〈主として What や Why, Where, How などの疑問詞を使った発問〉

–What does the sign say? Can you guess? (Follow-up question: Why do you think so?)

–What does Kate want to say by the sentence in line 2?

–In the first part of the conversation (lines from 1 to 3), where are they? (Follow-up question: How do you know that?)

–Kate says, "Oh no, we can't see anything." How do you think she feels?

–Kate says, "Well, …" in the last line. What does she mean by that? What's in her mind?

–What will the next dialogue between Mr. Oka and Kate be like?

–What will happen next?

–What do you think Mr. Oka would say next after Kate?

Type 3)　評価発問 (EQ: evaluative questions, 本文の内容に対する生徒自身の気持ちや態度や意見などを導く発問)

〈主として Yes-No 疑問文や How や What などの疑問詞などを使った発問〉

–Do you like hiking?

–Does anyone have the same experience? You wanted to do something, but you couldn't because of the weather （天気）or something else. Anyone?

–How do you feel if you are at the top of a mountain, but you can't see anything?

–In the last line, Kate says, "… it's beautiful like a sea of clouds." What do you think about Kate's character （性格）? Is Kate positive

（前向きな質）or negative（否定的な質）?

　なお，発問とその応答について注意すべき重要な点がある。それは，発問と応答は，あくまでも内容理解・深化のための「**言語活動**」であって，「**テスト活動**」ではないという点である。したがって，単なる答え合わせで活動が終わるのは望ましくない。たとえ，ある生徒が**正しい答え**を述べたとしても，内容をきちんと理解して応答しているとは限らない。特に，Yes-No 疑問文や Which/Or 選択疑問文の場合には，応答の幅が限られてしまう。応答を得た後に，**なぜそう思うのか**（Why do you think so?），**本文のどこにその応答の手がかりがあるのか**（Where can we find a clue for the answer? / Where is the evidence for that?），**本文の話題に関する生徒自身の経験や感想，意見などはあるか**（Have you gone on a hiking? / Have you gone to the top of a mountain, but you've had an experience that you couldn't see anything? / Do you like hiking? / Do you go hiking with your family?）などに関する**補足発問**（Follow-up Questions）を当該生徒やクラス全体に適宜与えてやり取りの質を高めていくことが望ましい。

　少し長くなるが，各種の発問を取り入れた，教科書本文の内容に関する教師と生徒とのやり取りの実際を 1 つ例示するので参考にしていただきたい。

（*New Crown English Series 2*, Lesson 3: Every Drop Counts, Get Part 1 (p. 40)）

T: Look at the pictures on page 40. <u>What are Mr. Oka, Kate and other students doing, class?</u>(DQ)

S1: They are hiking.

T: That's right. They are hiking. <u>Do you like hiking, S1?</u>(EQ)

S1: Yes, I do. I sometimes go hiking with my father.

T: Good. Now let's get the main points of the dialogue on page 40. Please read the dialogue and underline the three main ideas 大事なところ. Those three important points are the answers to the three questions.（音で確認した後 PPT slides で確認する。）

　　No. 1: <u>What did Mr. Oka see when he was walking?</u>(IQ)

No. 2:　What did they see?[IQ]

No. 3:　What couldn't they see?[DQ; IQ]

Any question?　Is everything clear to you all?

Ss:　Yes.

T:　All right.　Good.　Now please read the dialogue silently and carefully, then underline the three main points of the dialogue. I'll give you three minutes.　Ready, go!

Ss:　-------

・・・・・・

T:　All right.　It's time. Now share your answers/underlines with your partner.

Ss:　-------

T:　OK.　Now I would like you to give us your answers/underlines/ important points.　Let's begin with the answer to No. 1 question. Any volunteers?

S2:　Can I try?

T:　Sure, S2.　What did Mr. Oka see when he was walking?[IQ]

S2:　I think he found a sign.

T:　Thank you for the answer, S2.　He found a sign.　Is that right, class?

Ss:　Yes.

T:　Good.　Repeat after me, class, "He found a sign." "He found a sign." By the way, what does the sign say? 標識には何て書いて ある？ Can you guess?[IQ]

S3:　Let me try.　I think it says something like "頂上まで 1 km."

T:　Ah, "1 km to the top."　Does anyone have different opinions?

S4:　"100m."

T:　"100m." Thank you for the opinion.　But, S4, why do you think so?[IQ]

S4:　Well, because Mr. Oka says "We are almost at the top."

T: Ah, that's a good point. Yes, he says they are very close to the top. We don't know the correct answer to the question for sure because the dialogue says nothing about what the sign says 標識に何て書いてあるか書いていないよね。All right. Now let's go on to the next question, No. 2. What did they see?$^{(IQ)}$ Any volunteer?

S5: Can I?

T: Sure.

S5: Yes, I think they saw two round lakes because Mr. Oka says "There are two round lakes in the valley."

T: Ah, class. Please look at the sentence in line 3. Right?

S6: I have a different opinion.

T: OK, S6. Please give us your opinion.

S6: Thank you. I think there are two round lakes in the valley, but they didn't see them because Kate says "we can't see anything" because of the fog.

T: They couldn't see the round lakes because of the fog. Ah, this looks like the answer to the third question, right, class?

Ss: Yes, yes. They couldn't see the two round lakes in the valley.

T: That's right! But wait a minute. What about the answer to the second question, No. 2? That is, what did they see?$^{(IQ)}$

Ss: ---

S7: I'm not sure, but … I think they couldn't see the lakes but they could see a sea of clouds, the fog.

T: I see. S7 thinks they saw the fog, just like a sea of clouds 雲海。Right? Do you agree with S7's opinion, S3?

S3: Yes, I agree!

T: All right. I'm so happy everyone reads the dialogue very well. Have any of you seen a sea of clouds before?$^{(EQ)}$

S8: I have.

T:　　Oh, S8.　How was it?[EQ]

S8:　It was very beautiful.　I liked it!

T:　　Ah, it was beautiful.　How nice!　Now does anyone have any problems or difficulties?　Any phrase or sentence you don't understand?　Isn't clear to you?

S2:　Yes!　I don't understand the sentence in line 4, "I made it, finally." ……

4)　音読 (Reading aloud)

　この分節で大切なのは，音読は**内容理解の後**で行うのが基本ということである。内容が理解できていない，深化していない状態では，単なる**棒読み**で終わってしまいかねない。まず，教師の範読 (Model reading) あるいはCD/DVD などのデジタル教具を活用して音声（強勢やイントネーションなど）を確認し，続いて一斉 (Choral reading)，ペア，グループ，個などの学習形態を工夫して音読練習をしていく。**単調な音読練習**は**マンネリ化**に陥りやすいので，様々な工夫や仕掛けが必要である（詳しくは第 9 章を参照）。「読むこと」から「話すこと」へ (Read-and-Look up/Look up-and-Say) と言われることもあるので，とにかく音読は単調になることなく，聞き手に内容や読み手の解釈などがよく伝わる，いわゆる**表現読み**（ロールプレイなどを含む）に徹するように音読指導を進めていくことである。

5.5　表現・技能統合型の活動 (Production/skill-integrated activities)
（第 10 章を参照）

1)　再話 (Show-and-Tell/Story Retell)

　この分節は，通常授業の山場となる，授業目標と直接つながる活動を行う。これからの英語授業では，本時学習の本文の再話 (retelling of today's text) を多く取り入れていきたい。ある英文をただ暗記して発表するのではなく，自らが読み取った内容，思考した事柄，意見などを**自らの言葉（英語）**で語る絶好の機会だからである。

とは言っても，ある日突然，今日の本文について再話しなさい，と指示しても，何をどうしたら良いか生徒は戸惑うだろう。**段階を経て**再話させたり，再話で使用されるプレハブ表現に慣れさせたりすることも必要である。例えば，次のような段階が考えられる。

① 本文の内容や表現を忠実に再話する段階
② 言い換え練習（paraphrasing）やプレハブ表現を練習する段階（以下の例を参照）

<blockquote>

（原文）　Japan has some really famous players.

（言い換え文）　We have some good players in Japan.　They are very famous.

（プレハブ表現）　A and B are talking about X. / This is a story about X. / I like this story because X. / I think X. / That's all. Thank you for listening. など

</blockquote>

③ 黙読によりキーワードをワークシートなどにメモさせる。そして，それらのキーワードをつなぎ合わせて本文内容に即して口頭や鉛筆で要約（summarizing）する段階

<blockquote>

（例）　*New Crown English Series 1*, Lesson 4: Part 2. (p. 72)

（本文）

Ms. Brown:　This is my brother, Peter.　He plays the bagpipes.

Riku:　Bagpipes?　Our music club does not have them.

Ms. Brown:　Bagpipes are a traditional instrument in Scotland.

Riku:　Does he play them at school?

Ms. Brown:　Yes, he does. He belongs to a college band.

</blockquote>

> **Keywords**: *Peter*, *bagpipes*, *instrument*, *Scotland*, *band*
>
> Ms. Brown's brother, *Peter*, plays the *bagpipes*. They are a traditional *instrument* in *Scotland*. He belongs to a college bagpipe *band*.

④ 本時学習の題材に関する自分自身のことや身の回りの事柄と関連づけたり意見を述べたりしながら再話する段階

（例）　*New Crown English Series 1*, Lesson 4: Part 2. (p. 72)

> My father, Shigeru plays the koto. It is a traditional instrument in Japan. He is a good *koto* player. He always plays it on New Year's Day for us. It is our traditional event.

2)　発展的な言語活動

　また，高等学校英語における言語活動の一層の高度化を踏まえ，発展的な言語活動として書き言葉で要約させたり，口頭で意見発表（本文の内容にそって，自分の意見も加えながら）させたり，簡単なディベート（Column 7 を参照）を導入することも今後は積極的に考えていくべきだろう。本時学習内容について，英語（文字）で小エッセイを書かせたり，自分の意見等を加えた文章を，交流をしている海外の学校の生徒や学外の関係者などに実際にメールなどで送信したりすることなども考えられる。

5.6　まとめ・振り返り（Wrapping-up/Reflection）

　この分節では，本時学習内容や重要事項の確認（Wrapping-up of important points），新出学習事項の深化のための補足的な言語活動（Follow-up

activities)，ワークシートや Picture Cards を利用した活動等を行う。例え
ば，以下は，「tell/ask/want＋人＋to 不定詞」の文型練習を補足的に行う活
動例である。2つの質問に英語で答えながらこの表現の使い方を再確認させ
ることをねらった課題である。

Q1: What does **your family** (your mother, father, brother, sister, etc.) tell/ask/want **you** to do? (And why is that?)[2]

1. **My** _____ often tells/asks/wants **me**
   to _____ (because _____).
2. **My** _____ sometimes tells/asks/wants **me**
   to _____ (because _____).
3. **My** _____ never tells/asks/wants **me**
   to _____ (because _____).

Q2: What do **you** tell/ask/want your family (your mother, father, brother or sister, etc.) to do? (And why is that?)[3]

1. **I** often tell/ask/want _____
   to _____ (because _____).
2. **I** sometimes tell/ask/want _____
   to _____ (because _____).
3. **I** never tell/ask/want _____
   to _____ (because _____).

また，この分節では，この授業で達成できたこと，学んだこと，気づいた
こと，自らの課題などを振り返らせる「授業のふりかえり (Reflection of
today's lesson)」や教師 (T2, ALT) からの評価，今後解決していってほし
い課題なども含まれることが多い。さらに，授業外（家庭）での課題の確認

---

[2] 例えば，課題1に対する生徒の反応予想：'My mother often tells/asks/wants me to do homework (because I always play video games when I go back home from school).'

[3] この課題では，例えば，課題3に対する生徒の反応予測：'I never tell/ask/want my brother to play catch (because he always looks busy).'

（Assignment of out-of-class work），すなわち，何を，いつまでに，どのように行うかなどや次時の予告（Plan for the next lesson）は必須事項である。

5.7　あいさつ（Greetings）

最後に，簡単にあいさつを交わし，授業外学習や次時の学習に対する動機づけ（Motivation for out-of-class work & the next class）を図って授業は終了する。

本章では，あくまでも一般的な授業過程にそって留意事項などを示したに過ぎず，授業の目標，年間指導計画，学校の教育方針，生徒の実態などに応じて多様な過程や各分節での指導・学習活動があり得ることを付言しておきたい。

第6章　オーラル・インタラクションの進め方

6.1　オーラル・インタラクションとは

　これからの英語授業で積極的に取り入れたいオーラル・インタラクション（Oral Interaction）の背景には，第 1 章で示した，生徒が輝く英語科授業の創出をための 10 のポイントのうち，次の 4 点が深く関わっている。

1) 授業の主役は生徒である。
2) 言語習得の基本は，意味（meaning）と機能（function）と形式（form）の対応づけである。
3) 生徒の主たる学習材となる教科書本文の題材に興味・関心をもたせる。
4) 教科書はあくまで学習のための「素材」であると認識する。

　従前から行われているオーラル・イントロダクション（Oral Introduction）とここでいうオーラル・インタラクションと大きく異なるのは，前者が新出語句や題材などに関する教師の一方的な導入，インプットに終始する傾向が強い一方，後者のオーラル・インタラクションは，学習主体である生徒の**自己関与感**（engagement & involvement）を醸成しながら，生徒自身の英語での言語活動の質・量ともに高めることを主眼とした，教師と生徒，場合によっては生徒同士の**やり取り（インタラクション）**を中心に据えた活動である点である。

　また，言語習得の基本に立ち返れば，教師は，**意味・機能・形式**の対応づけ（mapping）が確立される環境，場面を創造していく必要がある。そのためには，複数の学習事項を関連性のない形でバラバラに導入したり，意味・

機能を無視して導入したりすることは極力避けなければならず，教室をある種，意味のやり取りのある空間に変えていく必要があるのである。生徒の身近な話題を取り上げることは以前から強調されていたが，オーラル・インタラクションは，それをさらに進化させた形で，生徒たちを深く巻き込んで題材や重要語句の導入をしていこうとするものである。そうすることで，**教師と生徒，生徒と生徒とのインタラクション**を通して，生徒自身に直接関連する，あるいは身近な話題と関連づけながら題材を導入して，本文を聞いてみたい，読んでみたい，今日の言語活動に積極的に関わっていきたいという**生徒の学習意欲**を引き出すのである。

　その場合には，ときには教科書という枠から飛び出して，題材や表現を敷衍していくことも必要である。教科書を媒介としながらも，教科書**を**教えるのではなく，教科書**で**教えるとの発想のもと，この単元あるいは単一授業では，どのような知識・スキル（技能）や関心・態度を育てるのかという視点をもって**対話的な学びの場**を構築していくことが何よりも重要である。

6.2　オーラル・インタラクションのポイント

　では，実際の英語授業でオーラル・インタラクションを導入していくとすれば，具体的にどのような点に留意して実施していけばよいのだろうか。以下の 10 点は，和泉（2016: 105-107）をもとに著者が加筆したものである。

① 　オーラル・インタラクションの主たるねらいは，**生徒の身近な話題や興味関心**などと関連づけながら**題材や新出言語事項**（語彙・文法事項）などを導入し，かつ，生徒たちが，本文を聞いてみたい，読んでみたいという**学習動機を喚起**するものでなりればならない。

② 　**生徒の日本語での発言**に対して教師はさりげなく英語で返答し，英語でリピートさせるかどうかは状況により判断する。オーラル・インタラクションにおいて重要なのは，英語でのやり取りに**生徒を巻き込む**ことである。

③ 　インタラクションに出てくる重要なポイント（語句や情報など）は

板書するか，事前に用意しておいた**表現カードやピクチャーカード**を示しながら，あるいは黒板に貼りながらインタラクションを進める。

④ **生徒の間違いに対して**，教師はリキャストや明確化ストラテジー（プロンプト）を使って返答する（第7章を参照）。例えば，生徒が，"I want cartoonist." と発話したら，"Ah, you want to be a cartoonist." と間違い部分を強調して言い直したり，"You want what?" "I'm sorry?" などと言って明確化ストラテジーで返したり，"You want a cartoonist, or you want to be a cartoonist." と意味交渉したりする。（第7章を参照）

⑤ **未習事項を既習事項に**織り交ぜて指導する。たとえ未習であっても，コンテクストの中で何回も触れているうちにプレハブ表現として身につくこともある。表現によっては，先取りした指導も十分可能である。

⑥ 生徒の複合的言語能力（第4章を参照）を活かす意味でも，**日本語表現**を英語表現で有効に挟み込んで紹介することも有効である。たとえば，"It's still not in the ranking order. まだランキング順じゃないよ。It's still not in the ranking order." いうように，日本語をうまく活用しながら，できるだけ英語のインプットを多くしていくのがコツである。

⑦ 繰り返し，言い換え，例示など，あらゆる手段を用いて**入力理解の促進**を図ることが大切である。

⑧ 図表，写真・絵，動画などの**視覚教材**を大いに活用する。日本語訳に過度に頼ることなく，視覚的に補助的情報を提供して入力理解の促進を図る。

⑨ 一斉の活動形態ばかりではなく，ペア，個，グループなどの様々な**活動形態**を臨機応変に取り入れて「協学」「思考」が促進される活動の流れをつくることもできる。

⑩ 主題（トピック）と**学習主体である生徒**との関わり合いや**身近な事柄との関係**，興味・関心を大切にする。

　以上，オーラル・インタラクションの導入にあたっての留意事項を示して
きたが，1点注意したいことがある。それは，この活動を通して本文の内容
自体，概要・要点を予め導入することを目的にしてはならないということで
ある。あくまでも生徒の題材，学習材に対するスキーマを活性化させるこ
と，動機づけを高めることに主眼をおいて指導することである。この活動を
通して本文の概要・要点をすべて事前にカバーしてしまえば，生徒は教科書
の本文を聞く必要もなくなるし，読む必要もなくなるからである。

6.3　新題材や文法事項の導入：具体的言語テクニック

　ここで，オーラル・インタラクションにより新題材を導入する例を1つ
示してみよう。国によって習慣が異なることを題材にした本文の導入例であ
る。パワーポイントのスライドを使用してインタラクションを行っている。

T:　Look at the slide.　The boy is Tom, a foreign student from the
　　U.S.　He says, "In my country, it is usual to tip after meals."
　　Do you tip after meals in Japan?

S1:　No, we don't.

T:　No, we don't. I have never tipped after meals in Japan.　(Go on
　　to the next slide.)　This girl is Ami, a high school student in
　　Kochi.　She says, "In my country, it is usual to take off our
　　shoes inside the house."　Do you take off your shoes inside the
　　house?

S2:　Yes.　We take off our shoes in the house.

T.　That's right, I do the same as you do.　We know that our cus-
　　toms in Japan are different from those of other countries.　Today
　　we will learn about cultural differences.　Open your textbook to
　　page 32.　First, read the text silently.　I'll give you 2 minutes.
　　Let's start!

　次は，新文法事項の導入の例である。ここでは，関係代名詞の意味，機能

に気づかせることをねらいとしたオーラル・インタラクションを行っている場面である。ここでもパワーポイントのスライドを使用している。

T: Let's start today's class! Today's menu is here. [スライドを見せる]

First, look at these pictures. I want you to guess, "Which is my friend?"

I have a friend who is from the Philippines. Which is my friend, the girl on the right or left?

S1: Girl on the left.

T: Thanks. But how do you know? Any ideas? How about you?

S2: Well, (OK in Japanese) …

T: Ah, that's an interesting idea. Any different opinion, class?

Ss: No.

T: All right. My friend is on the left.

T: OK. Now, look at these pictures. I want you to guess, "Which is the correct picture?" "The baby who is smiling is very cute." The baby on the right or left. What do you think?

S3: I think the baby on the right.

T: Why do you think so?

S4: Because you said the word "smiling."

T: Everyone, agree?

Ss: Yes.

T: OK. Here is the sentence. Repeat after me twice. "The baby who is smiling is very cute."

Ss: "The baby who is smiling is very cute."

T: OK. Here is the last question. Which is Ichiro? "The boy who is wearing glasses is Ichiro."

S4: Left!

T: Thank you. Any different opinion? Agree?

Ss: Yes.

T: OK. Here is the sentence. Repeat after me twice. ~~

もちろん，個人差に配慮して生徒の実態や理解の度合いを見ながら，ときには日本語で補足的に説明したり，きちんと理解できているかどうかを確認したりすることが必要な場合もある。

6.4 インプット理解を促す手法

オーラル・インタラクションを取り入れる場合，生徒にやり取りの内容を理解させることが何よりも重要であることは言うまでもない。以下は，意味の理解を助ける様々な手段である（和泉（2009: 71-72）を参考に加筆）。

- ・実物や絵，地図，写真などを見せたり，パワーポイントのスライド，アニメーション，ビデオなどを効果的に使用したりして，状況から推論を働かせて意味を把握し易いように言語外の情報を豊富に提供する。
- ・個人差に配慮して話すスピードを落とす。
- ・新出の語句，単語や文，またはセンテンス・パターンを何度も繰り返し使い，生徒の気づきを促す。
- ・発話と発話の間，文と文の間などのポーズを長く取り，生徒に言語処理の時間を十分に与える。
- ・明瞭な発音で，多少なりとも誇張したイントネーションで話す。
- ・重要な単語やフレーズを強調したり，繰り返したりする。
- ・生徒同士で理解や疑問点などを確認し合う時間を設ける。
- ・言い換えを多用する（例えば，He is my grandfather, my father's father, an old man. など）。
- ・具体例を使う（例えば，You know fruits, like apples, oranges, and strawberries? など）。
- ・意味を規定する定義を使う（例えば，A cathedral is a church with a

high ceiling. など）。

- 同義語，類義語などを積極的に使う（例えば，Argument means fight or quarrel. / Dai enjoyed the movie. He liked it. など）。
- 母語にある目標言語からの借用語など生徒が既に知っていそうな単語を使う（banana, cookie, ice truck, taxi, helicopter, sweater, shirt, blue, red, one, two など）。
- ジェスチャーや顔の表情を豊かに使う（例えば，big, small, smile, cry, walk, run などの単語を顔の表情や体の動きとともに）。
- 生徒が既に知っていることや，生徒の経験と関連づけて，新しい学習内容を提示する（例えば，理科の授業で「浮力」― buoyancy ―の概念を導入する際に，What kind of things do you know that floats on the water? That sinks? Can a ship float? Can a coin float? Why? というように生徒を巻き込んで導入）。
- 授業の最初に，先行オーガナイザー（advance organizer）として，その日の学習目標を提示し，板書しておく。
- 複雑な内容は，噛み砕いて順々に紹介する（例えば，活動の順序に番号を振って，黒板に示しながら説明）。
- 個人作業やグループ活動を行ったり，宿題を与えたりする際は，まず模範となるモデルを示して，何が期待されているかをはっきりさせる。
- 授業の展開に予測可能なパターンを作る。
- 教室や廊下に役立つ単語やフレーズなどを示すポスターを貼り，機会あるごとにそれを授業でも活用する。

他にも意味の理解を助ける様々な手段はあるだろう。実践の中で試行してみて，対象の生徒に効果的なものを選択して積極的に取り上げていくとよいだろう。

6.5　オーラル・インタラクションの具体例

本章のまとめとして，少し長くなるが，*New Crown English Series 2* の

Lesson 5 Things to Do in Japan（Part 1, p. 72）を例にとり，オーラル・インタラクションの具体例を紹介したい。留意点や発話の意図などはト書きとして［　］で示している。

【新出語句：New Zealand, island, country, than, north, south, America, South America】

T:　OK. Look at this slide. This is the flag of …? The flag of …? ［いくつかの国旗の写真を示して国名を引き出す］

Ss:　Japan.

T:　Yes. This is the flag of Japan. Now, how about this one? Which country is this?

Ss:　China.

T:　China! Is this the flag of China, S1? ［答え合わせにならないように確認のためのやり取りを行う］

S1:　Yes, it is.

T:　All right. Japan and China are countries in Asia, right?

Ss:　Yes.

T:　OK. 'Country.' Repeat after me. 'Country.' ［新出語の提示］

Ss:　'Country'.

T:　Good. Now, which country is this?

Ss:　Italy.

T:　OK. This is the flag of Italy. Now, Italy is a country in Asia?

Ss:　No, it isn't.

T:　Then, where is this country, S2?

S2:　ヨーロッパ！

T:　Europe! Europe! Italy is a country in Europe! Right, class? ［生徒の日本語を英語で応じる］

Ss:　Yes.

T:　Good! Do you want to visit Italy, S3? ［関連する事柄について生徒の気持ちを引き出す］

S3: Yes, because I want to eat pizza!

T: Wow. You like pizza. Me too! OK, how about this flag?

Ss: アメリカ。

T: That's right. 'America.' Repeat after me twice. 'America.' ［新出語の提示］

Ss: 'America.'

T: 'ᴧmerica.' ［第 2 音節にアクセントがあることを強調して］

Ss: 'ᴧmerica.'

T: All right. Much better! Now, does anyone? I want to go to America? Raise your hand!

S4: I do! Because I want to watch basketball games!

T: All right, S4. I know you are crazy about basketball. Right, S4?

S4: Yes, I am.

T: Who is your basketball hero, S4?

S4: Rui Hachimura!

T: I see. He plays basketball in America. OK, how about this flag, country, S5?

S5: New Zealand.

T: That's right. 'New Zealand.' Repeat after me. 'New Zealand.' ［新出語の提示］

Ss: New Zealand.

T: Do you know anything about New Zealand? Make pairs and talk about it in pairs. Get started. ［生徒はペアになりニュージーランドのことについて話をする］

T: Now, I want you to share your ideas with us. What do you know about New Zealand?

S6: Yes! Kiwi!

T: Ah, they have kiwi birds and fruit there. Is it a country in Europe? Do you know, S7?

S7: No. オセアニア！

T: Oceania! I see. New Zealand is a country in Oceania. Thank you for your help, S7. Now look at this. This is a map of the world. There are many countries in the world. Many countries in the world. Right?

Ss: Yes.

T: OK. This is Japan, right? Then, do you know where New Zealand is? I need one volunteer. I want you to come up here and point to New Zealand. Anyone?

S8: ［挙手，スクリーンの前に来てニュージーランドを指す］

T: Ah, New Zealand is here. OK, class?

Ss: Yes.

T: Good. Japan is in the north. 'North.' Repeat. 'North.' All right. New Zealand is in the north? ［新出語の提示］

Ss: No.

T: New Zealand is in the south. 'South.' Repeat, class. 'South.' ［新出語の提示］ America is in the ??? ［新出語に関連する語も確認する］

Ss: East.

T: Great! 'East.' 'East.' Italy is in the ???

Ss: 'West.'

T: 'West.' Good job! Italy is in the west. ［ニュージーランドと日本を見せながら］ New Zealand and Japan are island countries. 'Island' means land surrounded by water or the sea. Repeat. 'Island' 'Island.' ［新出語の提示］

T: Now look at this. Japan is an island country. Japan is a small island country. But America is a ??? small ???

Ss: No.

T: Yeah. America is a large country. Japan is a small country. Japan is smaller than America. Repeat, class. 'Japan is smaller than America.'［比較表現の提示］

Ss: 'Japan is smaller than America.'

T: Then, America is larger than Japan. Repeat, class. 'America is larger than Japan.'［慣れるまで何回か］［十分音に慣れたと感じたら，アニメーションで文字を出して確認して，さらにリピートさせる］

T: Now, do you know the name of this country?

S9: グリーンランド！

T: Wow! You're very good at geography! Yes, it's Greenland. Greenland is … than ….

Ss: 'Greenland is larger than Japan.'

T: OK. Repeat, 'Greenland is larger than Japan.'［慣れるまで何回か］Now, how about this?

Ss: 'Japan is smaller than Greenland.'

T: Great! Repeat, 'Japan is smaller than Greenland.'［慣れるまで何回か］There are many island countries in the world, right? 実は，Greenland is larger than any other island countries in the world. And Greenland is the largest island country in the world. OK. Repeat, class. 'the largest island country.' 'Greenland is the largest island country.' 'Greenland is the largest island country in the world.'［段階的に句をつないで，最後は文単位でリピートさせる］

T: Good. Now let's review today's new words and expressions. Look at the screen.［スライドで新出語句の整理をする］

　このオーラル・インタラクションの例は，著者が担当する英語科教育法の授業において，ある受講学生が実際に行った「授業トライアル」（模擬授業）の１場面である。新出語句や新しい表現をただバラバラに提示するのではなく，相互に関連づけながら，生徒の気持ちや希望なども引き出しながら教師と生徒がやり取りしている様子がみて取れる。

Column 4

Have fun with classroom English! (2)

生徒発言への対応 (Dealing with Ss' Responses or Reactions)

T: Now class, try to answer Question No. 2, "What does 'it' in line 3 refer to?" I'll give you one minute. Go!

Ss: OK.

(---- one minute later ----)

T: It's time, everyone! Now I would like some of you, some volunteers, to share your idea with us. Anyone? Any volunteer?

S1: Can I try, Mr. Sawada?

T: Sure, Daisuke. Tell us your opinion, please.

S1: Yes, thank you. I think it refers to 'a house' in line 2.

T: 'A house' in line 2. Thank you, Daisuke. Do you all agree, class? Or does anyone have a different opinion?

> 教師はすぐに正解を言ってしまいがちだ。皆で考えて煮詰めていくことが肝要！

S2: Mr. Sawada, I have a similar but different opinion.

T: OK, Sachiko. What is yours then?

S2: Yes, I like Daisuke's opinion, but I think it refers to 'the house,' not 'a house.'

T: 'The house.' Thank you Sachiko for an interesting opinion. How does her opinion sound, class? Now make groups of four and talk about it in groups. I'll give you one minute. Go!

(---- one minute later ----)

T: Time's up. And so what do you think of Daisuke's and Sachiko's opinions?

> クラス全体に意見をシェアさせる。

S3: Let us try, Mr. Sawada.

T: Sure, Rie. Please share yours with us.

S3: Thank you. Well, we think Daisuke's and Sachiko's opinions are OK. But Sachiko's is better because we know that, ... that, John is talking about the ... It's 'the house.'

T: Ah, you mean they already know the topic, 'the house.' I see. Thank you, Rie. Now <u>Daisuke, what do you think of their opinion? Do you agree?</u>

S1: Yes, I agree. Their opinion is better than mine.

T: Alright. Thank you, Daisuke! You're always very active and want to go first in class! Good job, Daisuke, Sachiko and Rie! Everyone, please give them big hands!

第7章 訂正的フィードバックの種類と進め方

7.1 誤りとは

コーダー（Corder 1967）は，Mistakes（ミス）と Errors（誤り）を区別すべきとした。前者は，**非体系的なミス**で，注意が散漫の時や時間がなく急かされている時などに，うっかり舌が滑ってしまって（slip of tongue）起こるミスである。後者は，大人の文法体系とは異なるものの，**英語ユーザ特有の文法体系**（L2 users' grammatical system）に則って生成される誤りのことをいう。例えば，不規則動詞 'went' とすべきところを規則動詞の語尾変化を**過度に一般化**する（overgeneralization）'goed' などの誤りが含まれる。後者は，学習途上にあることを示すもので，決して否定的に見るべきではないとコーダーは主張する。

生徒の学力状況や現在の学習事項などに応じて，訂正しないでおくか，以下のいずれかの対応（訂正的フィードバック）を取るか選択することになる。コーダーのミスと誤りの区別は教育上非常に重要であるが，以下では，訂正的フィードバックが必要であると教師が判断した状況を前提として，便宜上ミスと誤りを区別しないで検討を進めていくことにする。

7.2 誤りへの対応

誤りへの対応は様々である。以下は，「He like rock music. あるいは He is like rock music.」という生徒の誤りに対する 8 つの対応方法を示したものである。和泉（2016: 134–139）をもとにしたもので，①は Lyster & Ranta（1997）を参考に追加した。以下，T は教師を，S は生徒を示す。

70

【生徒の誤りの例】

T: What kind of music does John like?

S: *He like rock music. / *He is like rock music.〔正：He likes rock music.〕

T: …

① Explicit correction（明示的訂正）

    T: *He likes rock music.* You have to say *He likes rock music.*

    S: He likes rock music.

② Recast（リキャスト）

    T: Oh, *he likes rock music.*

    S: Yes, he likes rock music.

③ Repetition（繰り返し）

    T: *He is like rock music?*

    S: … He likes rock music.

④ Elicitation（誘引）

    T: *He l-i-k-e …*

    S: … He likes rock music.

⑤ Clarification request（明確化要求）

    T: Could you say it again?

    S: He likes rock music.

⑥ Negotiation of meaning（意味交渉）

    T: You mean *He is like rock music,* or *He likes rock music?* Which are you talking about?

    S: He likes rock music.

⑦ Metalinguistic clues（メタ言語を使った合図）

    T: Pay attention to the verb. You are using two verbs.

    S: He likes rock music.

⑧ Interaction enhancement（インタラクション強化）

    T: You mean, *he likes rock music?* Right?

> S:　Yes, I mean, he likes rock music.

　なお，誰が正しい形式に訂正するかによって様々な場合が考えられる。Lyster & Ranta (1997) は，誤りの訂正を「**他者訂正** (Other-repair)」と「**自己訂正** (Self-repair)」の 2 つに大別し，**明示度** (Explicit vs. Implicit) に応じて，さらにそれぞれ 2 種と 4 種に分類している。

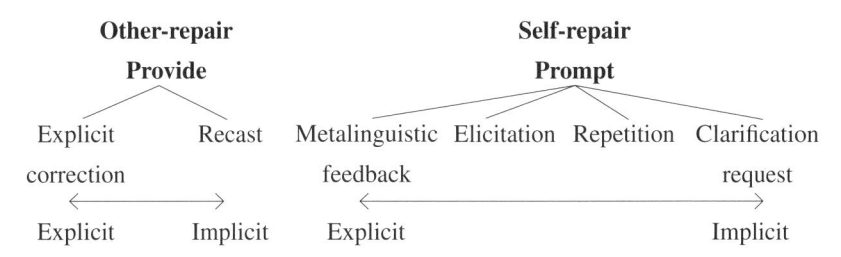

Figure 8 Lyster & Ranta's (1997) corrective feedback options illustrated by Loewen & Nabei (2007: 362)

　上の「He like rock music. / He is like rock music.」の誤りへの対応の①から⑧で言えば，①②が他者訂正 (Other-repair) で，③④⑤⑥⑦⑧が自己訂正 (Self-repair) である。

　どのフィードバックも一長一短がある。各フィードバック手法の**利点**と**欠点**を念頭におきながら，活動のねらいや生徒の学習ニーズ，言語領域 (音声，語彙，語順，語用など) に応じた手法の**選択**と**組み合わせ**が望ましい。

7.3　訂正的フィードバックの効果

　自分が冒した誤りに対して対話相手や教師などからたとえ何らかのフィードバックを受けたとしても，必ず生徒の訂正につながるとは限らない。そこで，教師の行う各種訂正タイプの割合とそれぞれがどの程度実際に生徒の訂正につながり，効果があったか (uptake/repair) を調査した研究を 1 つ紹介しよう。以下が，その結果を示したものである。

表7.1 教師のフィードバックとそれに後続する第2言語ユーザの取込み（修
　　　正）の割合（Tables 2 & 3 in Lyster & Ranta（1997: 53-54）に基づく）

フィードバックの種類	教師の訂正	第2言語ユーザの取込み（修正）
Recast	55%（375）	18%（66）
Elicitation	14%（ 94）	46%（43）
Clarification request	11%（ 73）	28%（20）
Metalinguistic feedback	8%（ 58）	45%（26）
Explicit correction	7%（ 50）	36%（18）
Repetition	5%（ 36）	31%（11）

　この表によると，教師が行う訂正的フィードバックの55%が暗示的に行
う「リキャスト（recast）」で，次いで14%が比較的明示的に行う「誘引（導
き出し）（elicitation）」である。しかし，生徒の修正（uptake/repair）につな
がる割合を見ると，「リキャスト」はわずか18%で，「誘引」が46%と最も
効果的である。次いで「メタ言語を使った合図（metalinguistic feedback）」
の45%である。「明示的訂正（explicit correction）」も36%の生徒の訂正
につながっている。教師は，はっきりと誤りを訂正すると生徒に**心理的な負
荷**を少なくするために暗示的にリキャストすることが多いのだろうが，それ
は必ずしも効果があるわけではないことがわかる。

　いずれにしても，大切なのは，生徒がどのような言語活動を行っているの
か，今身につけてほしい言語表現・形式は何なのかによって訂正的フィード
バックの種類を選ぶべきだろう。あるいは，訂正せずにおくこともあり得る
だろう。例えば，**自己表現活動**を行っていたり，発表を行っていたりしてい
るときに「明示的訂正」を行ったとしたらどうなるだろうか。生徒の活動を
止めてしまいかねない。また，単元の目標となる言語形式を正確に身につけ
る活動を行っている場合に誤りを放置しておいたらどうなるだろうか。生徒
は誤った形式を身につけてしまい「**正確さ**」に問題を残す結果になるかもし
れないのである。

7.4　訂正的フィードバックの実際

　訂正的フィードバックを実際に行う場合には，いろいろな教師の働きかけや，いわゆる**教室英語**が使用される。以下に，訂正的フィードバックのタイプごとにもう少し具体例をあげてみよう。(2) については，訂正的フィードバックは必ずしも 1 つの訂正的フィードバックで完了する，訂正につながるとは限らない。すなわち，複数の訂正的フィードバックを駆使して初めて生徒の訂正につながる場合を示している。(3) については，どこに誤りがあり，どのような訂正が考えられるか，読者の皆さん自身で考えていただきたい。

(1)　訂正的フィードバックの実例 (Ss は生徒一斉の発話を示す)

1.　Explicit correction (誤りに対して明示的に訂正する)

S:　I have a two apple.

T:　*Well, nice try but* (you have to say) 'I have two apples.'
'Two apples' 'I have two apples.' *Right?*

2.　Recast (意味のやり取りを重視してリキャストする，暗示的に訂正する)

S:　Does Ms. Nishimura has a daughter?

T:　*Ah,* 'Does Ms. Nishimura have a daughter?' *That's a good question.*
Let's see …, 'Does she have a daughter?' *Does anyone want to try?*

3.　Repetition (繰り返す)

S:　I don't like fresh vegetables, too.

T:　*Huh,* 'I don't like fresh vegetables, too'?

4.　Elicitation (誘引，導き出し，正しい形式を引き出す)

S:　Tigers run more faster than turtles.

T:　*Let's see.* 'Tigers run …'

I understand what you mean but 'Tigers run …'

5. Clarification request（明確化するように要求する）

    S: Tomoe has two childs.

    T: *Sorry? / What did you say? / I'm sorry? / She has what?*

6. Negotiation of meaning（意味のやり取りをする，生徒同士による訂正の例）

    S1: Don't you like beef?

    S2: Yes.（はい）

    S1: *You mean* 'Yes' *or* 'No'?

    S2: （*Do you want to say*）'Yes, I like it' *or* 'No, I don't like it'?
       I'm confused, 'You like beef.' *or* ''You don't like beef.'?

(2) 複数のフィードバックを組み合わせた訂正的フィードバック（Combined Corrective Feedback）

    S: In U.A.E. classes are teach in English and Arabic.（誤りを含む生徒の発言）

［例 1］

    T: *Sorry, Jiro?* [Clarification request] 'classes are …'? [Elicitation]

    S: 'Classes are …'

    T: 'Classes are teach' or 'classes are taught'? [Negotiation of meaning]

    S: *Ah,* 'classes are taught.'

    T: *Good job! Try again.*

    S: *Yes, let me try again.* 'In U.A.E. classes are taught in English and Arabic.'

    T: *Excellent, Jiro!*

    S: *Thank you for your help and compliment, Mr. Yamada.*

    T: *You're welcome.*

［例2］

T: *OK, Hiro.* 'In that country classes are taught in English and Arabic.' [Recast]

S: *Yes.* 'Classes are teach in two languages there.'

T: *Hiro,* 'Classes are teach in two languages there'? [Repetition]

S: …

T: 'Classes are taught,' *right*? [Explicit correction]

S: *Now, I got it, Mr. Mori!* 'In U.A.E. classes are taught in English and Arabic.' *Correct?*

T: *That's right, Hiro!*

S: *Wow, I did it! Thank you for your help, Mr. Mori.*

T: *You're very welcome, Hiro! OK, class. Repeat after me.* 'In U.A.E. classes are taught in English and Arabic.'

Ss: 'In U.A.E. classes are taught in English and Arabic.'

(3) チャレンジ！ What's wrong with this？ どこに誤りがあるか，（A）から（F）まで，それぞれに示された訂正的フィードバックで訂正するとすればどのように対応するだろうか？（誤りの解答例）[1]

(A) Explicit correction

1) I have a two apple.

2) He have to study English hard.

3) Let's singing!

---

[1] 誤りの解答例：＊誤り（正しい形式）

(A) 1. *a two apple（two apples）　2. *have（has）　3. *singing（sing）

(B) 1. *am（are）　2. *has（have）　3. *in（on）

(C) 1. *Where（What）　2. *by（in）　3. *have watched（watched）

(D) 1. *most（more）　2. *isn't（aren't）　3. *exciting（excited）

(E) 1. *informations（information）　2. *fruits（fruit）　3. *finishing（to finish）

(F) 1. *Yes.（Coffee, please. / Tea, please.）　2. *don't have（have）/ *no class（class）　3. *too（either）/ *don't like（like）

(B) Recast

　1) Tina and I am in the same class.

　2) Does Ms. Nishimura has a daughter?

　3) They don't have classes in Friday.

(C) Repetition

　1) Where is the capital of Australia?

　2) In U.A.E. classes are taught by English and Arabic.

　3) I have watched TV last night.

(D) Elicitation

　1) Monkeys are most popular than turtles in the zoo.

　2) There isn't many people in the park today.

　3) I'm exciting to go to the school trip.

(E) Clarification request

　1) Do you want any informations on the war.

　2) I like fruits.

　3　Please remember finishing the report by Monday.

(F) Negotiation of meaning

　1) A: Do you like coffee or tea?　B: Yes.

　2) We don't have no class today.

　3) I don't like fresh vegetables, too.

第8章　読解指導の考え方と進め方

8.1　新出文法事項の提示からリーディング活動へのスムーズな移行

　理想的な英語科授業というのは，授業を**1つのストーリー**に仕上げることである。つまり，活動がブツブツと途切れるように，前の活動とその後の活動は何の関係があるのだろう，などと生徒が疑問を抱かないように1つ1つの**活動に何らかのつながり**がありスムーズに流れることが肝要である。そういう意味でも，新出の言語事項（文・文型・文法事項など）の提示と本文の読解活動がスムーズに移行することが望まれる。

　そこで大切にしたいのが，新出の言語事項を本文で**実際に使われる場面・状況**を意識しながら提示し，その新しい言語材料のコミュニケーション上の**機能**が明確になるように導入することである。例えば，「tell/ask＋人＋to 不定詞」の導入の例を見てみよう（杉本 (2006: 32-33) を大幅に改変）。本文では，勉強について母親と生徒がやり取りしている。

　　〈ある生徒がテレビを見ていて，母親がそれを見ている PPT スライド
　　（絵）を示して〉
　　T:　　What is this boy doing?
　　S1:　 He is watching TV.
　　T:　　Yes, he is. Do you often watch TV, S2-san? [**生徒自身のことに
　　　　　ついて問う**]
　　S2:　 Of course. I often watch TV. I like バラエティ programs.
　　T:　　I see. Thank you. All right. Now look at this. [吹き出し]
　　　　　What do you think is in his mind? [PPT スライドで何か話して

いる生徒とその母親の**絵**を示す。]

S3:   'I have a test tomorrow.' [**推測**する]

T: Ah, that's a good point. Yes, this boy has a test tomorrow. This is his mother. What do you think the mother is saying to the boy? [「吹き出し」の内容を**推測**させる]

S4:   Stop watching TV and study. [**推測**する]

T: Right. The mother asks him to study hard. [ここで，**新出表現**を提示して何度か繰り返してこの文のカードを黒板に貼り，口頭で3回リピートさせる]

〈生徒自身のことについてやり取りして，より身近な話題とする〉

T: OK, Hitomi. Your mother asks you to study hard? [最初は無理しないで肯定文を上昇イントネーションで]

S5:   Yes.

T: Thank you, Hitomi. Your mother asks you to study hard, too. How about Tomohiro? Does your mother ask you to study hard?

S6:   Well, not really.

　この例のように，生徒の身近な話題と関連づけること，本文の内容と関連づけることが重要である。

8.2　マクロな視点（1）：書き手の一番伝えたいことを読み取る力を培う

　現在の中学生には，まとまりのある文章を読んで，文章や対話の大切な部分を理解（把握）することに課題が見られる。そこで，国は，書き手の一番伝えたいことを読み取る力を身につけるための指導事例を紹介している（～文章の構成や展開に留意し，大切な部分をとらえる～参考：国立政策研究所・平成31年度（令和元年度）全国学力・学習状況調査の結果を踏まえた授業アイディア例（中学校））。(https://www.nier.go.jp/jugyourei/h31/data/19m.pdf)

　参考のため以下にその概要を示す（一部加筆）。

STEP 1 黙読：英語の文章を読み，**最も大切**だと思う**語句**や**文**を選ぶ。

(1)　おおまかな内容をとらえるための読み（5分）

「どのようなことが書かれているか」をつかむ

（指示の例：OK, class. Please read the passage silently for 5 minutes and try to get what the passage is about or what they are talking about.）

(2)　大切なところをとらえるための読み（5分）

「書き手が**一番伝えたいこと**は何か」をつかむ，最も大事だと思う文に**下線**を引く。

（指示の例：Now, class. Please underline one sentence. The author wants to say (insist/argue, etc.) something most by the sentence.）

STEP 2 共有：選んだ文とその**理由**を**共有**する。

(1)　**ペア・グループ**で共有する。

その際，選んだ理由も述べる（3分）

（指示の例：Share the sentence you chose (selected) in pair (group). When doing so, give your partner the reason why you chose the sentence.）

(2)　**クラス全体**で共有する（5分）

各ペア・グループで取り上げた文と，それを選んだ理由などをクラス全体に報告する。教師は文と理由を板書する。

（指示の例：Now, I would like some of you to share your ideas with the whole class. Any volunteers?）

STEP 3 検討：選んだ文を**比較・検討**し，最も大切な文を決める。

(1)　ペア・グループ内で話し合う（5分）

出てきた文を比較し，**重み付け**を行い，一番大切な文を選ぶ。

（指示の例：Now, compare the ideas in pair (group) and grade them from 1 to 5 and discuss which is the most important sentence.）

(2)　クラス全体で検討する（10分）

各ペア・グループが述べた理由を，さらにクラス全体で検討する。

（指示の例：Now, I would like some of you to share your ideas with the whole class. Any volunteers?）

(3)　クラス全体でまとめる（3分）

教師からの説明・まとめを行う。

（指示の例：Thank you everyone. Now I would like to give some comments about your ideas and wrap up this activity.）

STEP 4 活用：学んだことを**活用**し，**別の文章**を読み，大切な文を選ぶ。

同様の話題（社会的な話題など）に関する英文を読み，学んだことを活かして当該文章の大切な文を選ぶ。

（指示の例：Now let's go on to the next activity. I'll pass out a handout. I would like you to read a passage in the handout. The passage is about something related to the topic we've just read in the textbook. Please try to use the reading skill you've just learned through the text in the textbook. Underline the most important sentence in the passage. Is everything clear to you?）

「STEP 4 活用」の活動は，これまであまり取り入れられていない活動であろう。しかし，生徒はいずれ**初見の英文**を自らの力だけで読解していく場面が必ずある。そのような場面に対応できるようにするには，教科書の本文で培った知識・スキル（技能）をこれまで読んだことのない初見の英文の読解に応用する活動を授業に取り入れることが不可欠である。授業での活動は**将来のためにもあるのである**。Willis（1981）は，このことについて，以下のように述べている。

Remember when teaching this lesson that you are not simply teaching or explaining *this* passage, but are *using this passage as a means of developing your students' reading skill for *future* texts.

Make your students do the work of *finding out the meanings of words by prediction, careful guess work, evaluating other students' replies etc. so that they can learn to apply the same methods when reading on their own. (p. 155, italics emphasis)［* 印の箇所は，**本文を扱う際に特に留意すべき最重要ポイント！**］

8.3　マクロな視点（2）：読解度を確認するその他の方法

　国が示した要点把握のための例に限らず，概要の把握や読解度を確認するための手法は他にもたくさんあるだろう。例えば，以下の 4 つの手法は教室でぜひ取り入れてみたい活動である。

(a)　True/False/Not-Stated (T-F-NS) (Willis 1981: 153)
　　「**真偽**」を確認する T-F 活動がよく見られるが，ここでは NS「**不言及**」，すなわち，本文（文章あるいは対話文）ではまったく触れられていない，関係のない事柄を選択肢に加えて「真・偽・不言及」を判断させる活動である。こうすれば，当てずっぽうの確率は大幅に下がり理解度把握の正確度が増す。
　　［指示例］Decide whether the following sentences are True, False or Not-Stated in the passage.

(b)　Jumbled key points (Willis 1981: 153)
　　教師があらかじめ本文のキーワード（鍵語句）を抜粋し，A, B, C などとラベルを付けておき，それらを順不同にして生徒に提示する。生徒はそれらを本文の内容にそって正しい順に並べ替える活動である。
　　［指示例］Put them in the right order they are expressed in the passage.

(c)　Keyword hunting
　　生徒自身が本文からキーワード（鍵語句）を見つけ出す活動である。

[指示例] Find out 4 or 5 keywords (or key phrases) from the passage.

(d) Giving a title

段落ごと，あるいは本文全体にタイトルをつけさせる活動である。

[指示例] Give a title to each of the paragraphs in the passage or the whole passage.

これらの活動は，授業の目標や生徒の実態，本文の内容などに応じて適宜選択していくことになるだろう。これらの活動は，どちらかといえば概要・要点を読み取らせて，その理解度を確認する手法である。概要・要点を把握させた上で，次の表現活動や技能統合的活動へとつなぐ活動もある。それを次節で紹介する，読解内容を整理するための「ストーリー・マッピング（story mapping）」あるいは「コンセプト・マッピング（concept mapping）」と言われる手法である。

8.4　マクロな視点（3）：読解内容を整理するためのストーリー（コンセプト）・マッピング

ストーリー（コンセプト）・マッピングというのは，本文の内容（物語あるいは解説など）を，重要語句（キーワード，コンセプト）を視覚的にまとめて整理する方法である。図の種類は，以下のものがよく活用される。

(1) Spider Web（クモの巣）型（中心に主テーマとなるキーワードを置き，四方に放射的，派生的にキーワードを配置する方法）

(2) Flow Chart（フローチャート）型（時間を縦軸にして推移などを表す方法）

(3) Tree Diagram（樹形）型（上位語の下位語や具体例を順に下に示していく方法で，ちょうど木を逆にした図となる）

(4) Table（表）型（文字通り，表に内容をまとめる方法）

内容によっては，これらを組み合わせた複合型で作図する場合もあるだろ

う。例えば，以下の本文についての例を1つあげてみよう。上の（1）型と
（2）型を組み合わせたようなマッピングの例である。

（本文）

> Josna and I had a lot of work to do this morning. In the after-
> noon we went to Josna's school together. Her classmates were
> very friendly.
>
> At Josna's school younger children are taught in the morning.
> Older children are taught in the afternoon. There aren't enough
> schools in Bangladesh. But the children love to study.

（ストーリー・マッピング）

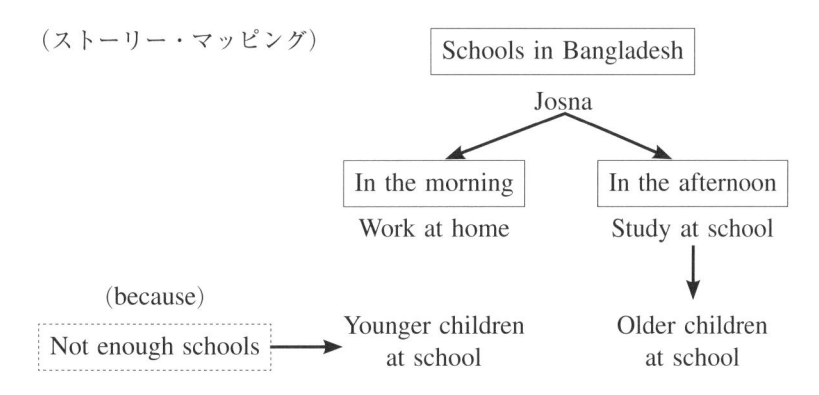

この活動で大切なことは，どの情報を取り上げて，どの情報を削除するかと
いう，いわば情報の取捨選択である。どのタイプの図を選択するかも大切な
がら，情報の取捨選択の方がより重要である。

　この図の作成後，図を見ながら口頭で内容を再話（Retelling）させたり，
文字で要約（Summarizing）させたりする活動へとつなげていくのである。

8.5　ミクロな視点：内容理解をさらに深めるための活動

　マクロな視点から本文の概要・要点が把握できたら，次は，結束性（指示

語・接続語など）・整合性（話し手や書き手の意図）の把握と共有（conversation や passage で使われている英語表現に注意を向けさせる工夫）が必要である。

　学習指導要領で強調されている**統合的な言語活動**を進めるためには，何よりも**教科書本文**の深い理解，特に**結束性**と**整合性**の理解が不可欠である。以下具体例をあげて検討してみよう。

(1)　英語の結束性 (Cohesion)

　結束性 (Cohesion) というのは，**まとまりのある英語を理解したり表現したりするための言語的な手がかり**のことをいう。一般的には以下の 5 種類があるとされている (Halliday & Hasan 1976)。

　　1)　指示 (reference)
　　2)　代用 (substitution)
　　3)　省略 (ellipsis)
　　4)　接続語 (conjunction)
　　5)　語彙の連関 (lexical chain)

以下，それぞれの種類における結束関係 (cohesive ties) の具体例を見ていくことにする。

1)　指示 (reference)

　この種の結束関係を表す代表的なものには 'He/She, It, They' などの人称代名詞がある。また，That boy …, These are important questions. などの指示代名詞もこの種に含まれる。その指示する語句が文脈の前方にあるものを「Anaphora 前方照応」，後方にあるものを「Cataphora 後方照応」，そして，文脈の外にあるものを「Exophora 外部照応」とそれぞれ呼ぶ。以下の a) から c) がそれぞれに該当する例である。

　　a)　A man has moved to the new house.　He looks very happy.
　　　　［Anaphora 前方照応］
　　b)　I turned the corner and almost stepped on it.　There was a large

snake in the middle of the road. [Cataphora 後方照応]

 c) Look at <u>that</u>! [Exophora 外部照応]

 英語の授業では，例えば，a) の 'He' は何を指しますか (What (Who) does 'He' refer to?) などと生徒に問うことがある。ここで，注意すべきなのは，'he' 'it' などが指すものは「言葉」ではなく，具体的な「人」であったり「事物」であると認識させることである。よく見かける例としては，a) の 'He' が指すのは前の文の 'A man' とする解釈である。このような解釈は間違いではないものの，'He' はすでに話題に出ている人物であることを忘れてはならない。したがって，'He' が指す人物はと問われると 'the man' と答えるのが妥当であろう。実際，'He' を具体的人物で言い換えて代入するとすれば，意味的にも文法的にも 'The man' となるのが適切だからである。

 以下の d) から h) も指示の例である。人称代名詞や指示代名詞よりも指示関係が透明ではないが，このような例は少なくない。それぞれの下線部が指す具体的な指示内容を検討してみていただきたい。[1]

 d) We bought a nice house last year. <u>The kitchen</u> is really big.

 e) The bus came on time, but <u>he</u> didn't stop.

 f) A: Can I borrow your Shakespeare?

   B: Yeah, <u>it</u>'s over there on the table.

 g) A: Where's the cheese sandwich sitting?

   B: <u>She</u>'s over there by the window.

---

[1] d) から h) の下線部が示す具体的な指示内容は以下の通りである。

 d) The kitchen of the nice house (we bought last year). (定冠詞の 'The' が指示を表している例である。)

 e) the bus driver (男性の運転手と解釈するのが最も妥当であろう。もし 'bus' を指すのであれば乗り物なので人称代名詞の 'she' が使用されるはずである。)

 f) my (the) book written by Shakespeare

 g) The customer (who ordered a cheese sandwich)

 h) $them_1$ = the peeled potatoes / $them_2$ = the peeled and sliced potatoes (ジャガイモの状態が処理により変化していることに注意すべき例である。)

h) Peel six potatoes. Then slice them₁ and put them₂ in cold salted water.

2) 代用 (substitution)

代用は，文字通り，先行文脈にある語句の繰り返しを避けるために代用語を用いる結束関係のことをいう。以下の a) b) は，それぞれ名詞 (T-shirt)，動詞句 (knows about it) の代用例である。

a) This T-shirt is too small. I must get a larger <u>one</u>.
b) Your friend already knows about it. I think everyone <u>does</u>.

以下のように，名詞 (句)，動詞 (句)，文 (節) などが様々な語を用いて代用される。

名詞 (句) レベル：one, ones, some, the same (e.g., a larger *one*)
動詞 (句) レベル：do, does, did (e.g., Yes, I *do*.)
文 (節) レベル：so, not (e.g., I think *so*. / I hope *not*.)

3) 省略 (ellipsis)

これは，ゼロ代用 (zero substitution) と呼ばれることもあるように，やはり繰り返しを避けたり，脈絡上，何をさしているか明確な場合において，代用語は使用せずに語句を省略することをいう。それぞれ何が省略されているかお分かりだろうか。[2]

a) Goro bought some roses; and Tomoe some cookies.
b) Can I? [相手の消しゴムに指差して]

4) 接続語 (conjunction)

接続語は，文脈の前後関係，論理関係，因果関係などを表す重要な働きを

---

[2] a) は，Tomeo と some の間の bought が，b) は，use your eraser がそれぞれ省略されている。

する。様々な接続語があるが，ここでは意外に解釈が難しい 'and' の結束関係について検討したい。たかが 'and'，されど 'and' である。a) から i) までの結束関係の解釈に挑戦してみていただきたい。[3]

- a)　8 and 2 makes 10.
- b)　Kate was cooking in the kitchen and John was watching TV.
- c)　Bill turned and looked at me.
- d)　Mao had a bad cold and lost a lot of weight.
- e)　Satoshi sat and played video games.
- f)　A:　I got my test results.　　B:　And how did you do?
- g)　Watch it closely and you'll see.
- h)　I cried again and again.
- i)　Mr. Kobayashi promised to come and didn't.

5)　語彙の連関 (lexical chain)

1つのトピックについて綴られた英文においては，結束性を保つため，密接に繋がりをもつ語が意図的に使用される場合がよくある。語の言い換え (reiterations) はその典型例である。また，類義語・同義語 (travel-trip) を用いたり，反義語・対立語 (small-large, question-answer) を使用したり，上位下位関係 (vehicle-car, truck, van : table, chair, cupboard-furniture) を示す語を用いたり，ある事物の部分を指す語を用いてその事物全体を示す「メトニミー［換喩］」(brake-car [bicycle]) を用いたりする。

また，関連語 (collocation) を使用して英文のまとまりを構成することもある。例えば，joke-laugh-comedian-TV programs や blade-sharp-sward-samurai-Shogunate-castle, doctor-ill-nurse-hospital-injection-medicine-health-insurance など，いわば生活文化に基づく連想から生まれる語の連鎖

---

[3] a) 加えて，足して (being added together), b) 一方 (on the other hand, while), c) それから，次に (then, afterwards), d) それゆえ (as a result, moreover), e) 同時に，付随して (at the same time, in addition), f) して，それで (And?), g) そうすると，そうすれば (then, it follows that), h) 続いて，どんどん, i) それなのに (but, yet)

88

である。もちろん文化によっては，その連鎖の質や量は変化することもあるだろう。

6)　その他の結束関係 (other cohesive ties)

　Halliday & Hasan（1976）の分類を敷衍しながらも多少注意を要する結束関係がある。多くは，前後の英文に明示的には表現されていないが，文脈から結束関係を明確に解釈できるものである。

a)　Mary dressed the baby. The clothes were made of pink wool.

b)　Connors used Kevlar sails because there was little wind.

c)　Joan lent her car to Sue because she had taken up cycling.

d)　Bill didn't give me any sweets, but Fred did.

e)　Max is an orphan and he deeply misses them.

f)　You can still use some of them.

g)　I love most of Beatles songs.

　a）の 'The clothes' は先行文には直接存在しないが，'dressed' という関連語があることで，赤ん坊が着た服という結束関係の解釈が可能となる。b）の 'Kevlar sails' はどうか。これは，後続文の 'there was little wind' という表現から推測すれば，この特別な帆は，風の弱い状況に最適な帆であり，これは論理関係の上に成立する結束性である。c）は，指示に分類できるものであるが，注目したいのは 'she' を指示し得る人物が2人先行していることである。いずれを指示するかは文全体の内容から判断すれば一目瞭然である。すなわち，車を手放したのは 'Joan' であるから，自転車に乗ることを始めたのは 'Joan' でなければ筋が通らない。また，'Joan' から車を借りた 'Sue' が自転車を始めたというのは不自然でもある。したがって，'she' は 'Joan' と結束関係にあると解釈するのが自然である。

　d）は，代用の例と見ることもできるが，先行する文の述部は否定形になっていることに注意する必要がある。つまり，'Fred' の後に省略されているのは，'gave me some sweets' ということになる。e）はどうか。これも指示の例ではあるが，先行文に直接対応する語句がない。これは，'orphan'

という語が鍵になる。英語辞書の定義，‘a child whose parents are both dead’ から判断すると，‘them’ は，‘Max’ の両親とすることができるだろう。

　f）と g）は，ある事物の部分と結束関係をもつことを示唆する表現である。つまり，f）で言えば，まだ使えるものはすべてではなく（not all of them），一部（some）であることを述べているのである。g）は，ビートルズの歌は好きだがすべて好きとは限らない，いくつかの歌はあまり好きではない，という意味に解釈できる。

（2）　英語の整合性（Coherence）

　次に整合性について検討してみよう。まとまりのある英文は，意味的なつながり，一貫性をもって構成されている。そして，英文は，文字通りの意味（literal meaning）に限らず，推論を働かせて捉える**推意**（implicature）などにより織りなされている。では，その推意（implicature）とは何かを考えてみたい。一般的な定義によれば，推意とは，

> ある社会的，言語的コンテクストの中で，「発話されたこと（what-is-said）」「書かれたこと（what-is-written）」を手がかりに，聞き手・読み手が世界知識や話し手・書き手との関係などにもとづいて推論を働かせて導く，**話し手・書き手の意味**（what-is-implicated）や**意図**（what-is-intended）

とされている。では，具体例をもって，その実相を見ていこう。例えば，ホームステイ先のホスト・マザーがショッピングセンターで ‘Do you like apples?’ と発話したと仮定しよう。この発話の意図はなんだろうか。状況から判断すれば，単にリンゴが好きかどうかを聞いているとは思えない。したがって，こちらが ‘Yes, I do.’ と応じれば，ホスト・マザーはすぐさまリンゴをいくつかショッピング・カートに入れるはずである。つまり，彼女の発言の意図は，‘If you like apples, we will buy some. Do you like them?’ ということだろう。このようなやり取りは日常茶飯である。以下にいくつか例をあげるので，推論を働かせて下線部の推意，意図を考えていただき

90

たい。[4]

a) Mother: That's the telephone.（固定電話が鳴る）
   Son: <u>I'm taking a shower!</u>
   Mother: <u>OK.</u>

b) Rose: Is Jane a good cook?
   Mary: <u>She's English.</u>

c) Mary: Would you like some coffee?
   John: <u>Coffee would keep me awake.</u>

d) Sue: Why didn't you invite me to your party?
   Janet: <u>Well, I only invited nice people.</u>

e) Mother: Someone ate my chocolate on the kitchen table!
   Daughter: <u>Well, I saw George near there last night.</u>

f) Student: How was my graduation thesis, Professor?
   Professor: <u>Well, you typed it beautifully.</u>

g) Mother: Daisuke wants to get a driver's license.
   Father: <u>He is too young.</u>

h) Boss: <u>Ellen has a brain!</u>

第9，10章で詳しく述べるが，聴解や読解の活動，技能統合型言語活動，英語表現に注意を向けさせる活動においては，教師の「発問」の役割は非常

---

[4] a) から h) の推意は以下の通りに解釈できるだろう。
a) I'm taking a shower! = I'm sorry, I can't! / OK. = I'll get it.
b) = She is not (a good cook because English people in general are not a good cook).
c) = Yes, please. I need some coffee to stay awake. あるいは = No, thanks. I won't be able to sleep well. の2通りが状況により考えられるだろう。
d) = I don't think you are a good person, so I didn't invite you. Sorry! 現実的には，あまりこのような言い方はしないだろうが。
e) = I think George ate it.
f) = Well, I should say your thesis was not so good.
g) = Daisuke is too young to drive a car.
h) = Ellen is very smart.

に大きい。その場合，上で見てきたミクロなレベルでの理解の助けとなる結束性 (cohesion) と概要・要点のようによりマクロなレベルでも理解を深める整合性 (coherence) に関わる発問が多く登場する。以下は，それぞれに関連する具体的な発問例である。まずは，結束性に関する発問例である。

1)　**結束性**：言語的なつながり (cohesive ties)

- (1)　What does 'She' in line 4 refer to?
- (2)　What is the phrase closely related to the phrase 'the victims' in line 6?
- (3)　In lines 7 to 8, it says 'The survivors of the atomic bomb are getting older year by year.' Try to make a sentence in English with reference to the expression. It means '日に日に温かくなってきています' in Japanese.
- (4)　What does 'It' in line 10 refer to?
- (5)　What does 'that' in line 12 refer to?
- (6)　What does 'did' in line 4 refer to?
- (7)　What word is missing between 'Tomoe' and 'some' in line 6?
- (8)　What are the words which 'it' in line 2 refers to?
- (9)　If you paraphrase the sentence in line 3 in your own words, what will you say?

　結束性，すなわち，言語的なつながり (cohesive ties) を確認する発問は，主に代名詞などの指示語が示す具体的な人や物事などの関係把握が中心となる発問である。次に，整合性に関連する発問の具体例を見ていこう。

2)　**整合性**：意味的なつながり (coherent ties)

- (1)　What does Tom want to say by the sentence in line 3? And how do you know that?
- (2)　What does Mr. John mean by saying, "David was there last

night."? What makes you think so?

(3) If you were Risa, what would you say?

(4) Guess what Nancy will say after the visitor.

(5) Add one more turn after the last sentence by the teacher.

(6) What does he mean by saying "He is too young."? How do you know that?

(7) What does "We don't have a trumpet today." mean?

(8) What does she mean by saying "Mary has a brain."?

(9) What does the customer mean by saying "The steak is raw."?

(10) What will you say to the person if he or she says, "I have a temperature."?

(11) What can you guess will happen this weekend from the sentence "You can enjoy her English *rakugo* show this weekend."?

(12) What can you guess from the word 'Some' in the sentence "Some people were in tears."?

(13) What can you guess will happen from the expression 'Maybe I'll' in the sentence "Maybe I'll meet you there."?

　整合性，意味的なつながり (coherent ties) を確認する発問は，文字通り前後の文脈から意味的なつながりや発話間の関連性の把握が中心となる発問である。授業の最終ゴール（目標）や生徒の学力，興味・関心等の実態，学習段階に応じて適切な発問を用意していくことになる。

Column 5

Classroom English for Reading Activities

範読 (Model Reading)：

Now listen to me (the CD) carefully and try to get the main message of the story.

While listening to me (the CD), put a slash [/] where you hear a short pause, and put a double slash [//] where you hear a long pause.

While listening to me (the CD), try to get what they are talking about and what the keywords are for the conversation.

黙読 (Silent Reading)：

Now read the story (conversation) silently and try to get the main message of the story (conversation). I'll give you two minutes.

While reading the story (conversation), underline the phrases or sentences that you think are important, or those that you don't understand well (you have difficulties in understanding).

While reading, try to think about the answers to those five questions on the slide.

斉読 (Choral Reading)：

Let's read the text in chorus. Repeat after me altogether.

Now all of you read it after me (the CD).

Repeat after me chunk by chunk.

Let's read the story sentence by sentence after the CD.

ペア読み (Pair Reading)：

Let's practice reading in pairs.

Two of you take turns changing the roles in the conversation.

個人読み (Individual Reading)：

Now read the story (conversation) aloud twice individually.

While reading, you don't have to read the story fast, but you read it clearly at your own pace.

While reading, when you find it difficult to read some words or phrases, ask me or your friend for help.

OK. I would like some of you to read the story aloud. Any volunteers?

第9章　音読指導の考え方と進め方

9.1　音読指導とは

　音読とは，音声と意味と文字の対応づけである。本書の「はしがき」でも述べたが，音読は英語学習の基本中の基本である。しっかり指導したい。

　音読の**前提**は，**生徒が本文内容の概要・要点が十分に理解できていること**である。意味がわからない状態で音読しても効果はあまり期待できない。音読指導には，以下のような段階が考えられる。

1）　教師による**模読**（Model Reading）あるいは CD を聴かせる。
2）　**チャンク**（意味のかたまり，句）にスラッシュを入れさせる。
3）　教師の後に続けて**リピート**（チャンク→文）させる。
4）　**意味**を考えながら音読（グ → ペア → 個；Chorus → Buzz）させる。
5）　聞き手に意味が伝わるように**単独（個）**，あるいは**ペアで音読**させる。

　なお，3）の段階でリピート（反復）させる場合，いつも文字をみてリピートさせるだけでは読めるようにはならない。まずは文字を見て英語を読ませ，続けて文字から目を離して今読んだ英語を口頭で言わせる（Read-and-Look up, Look up-and-Say）方法が効果的である。

　また，4）の段階において，単に「意味を考えながら音読しなさい」，とだけ指示しても音読することに意識が集中して意味を考えながら音読することは難しい。その1つの解決方法として「マスキング法 Masking Technique」がある。いくつかの**チャンク**や**キーワード**を何らかの方法で**隠したり**，その

部分だけ**日本語**にしたりして英文を音読させる方法である。無作為に**動詞**，**主語**，**接続語**などを隠して音読させるのも効果的である。何としても本文を再生しようと，生徒が果敢に挑戦しようとするだろう。生徒の目は輝き，緊張し，教室全体が活気に包まれる。隠す語句を徐々に増やしていけば，最終的に，「暗記しなさい」と指示しなくても，ほとんど**暗記**してしまうことが多い。工夫次第で，生徒は驚くべき力を発揮する。眼をみはるばかりの暗記力である。

　最後の 5）の段階では，すでに流暢に音読できるようにはなっているだろう。しかし，音読が平板で退屈な読み方にならないように，書き手や対話者の気持ち，想いに寄り添い，1 つ 1 つの発話，文に**感情移入**しながら聞き手に意味が伝わる，要点や概要がよく伝わる音読になるよう導いていかなければならない。

9.2　音読指導の実際

　以下に，音読指導の実際例を 1 つ紹介しよう。*New Crown English Series 1* の中学 1 年生の本文を音読させる例である。

　　（例）　School life in the U.S.A. *New Crown English Series 1*, p. 84.

> 　　Students choose their own classes at this school.
> Every student has a different schedule.
> 　　Look.　This boy is going to his music class.　He
> is holding a flute case.　This girl is carrying her
> gym shoes for P.E. class.

［フォントの色を変えたり，下線を引いたりして動詞などを強調することもできる］

（**スラッシュを入れる**：/ single bar juncture **息つぎ**，// double bar juncture **息休止**）

Students choose/their own classes/at this school.//
Every student has/a different schedule.//

Look.// This boy is going/to his music class.// He
is holding/a flute case.// This girl is carrying/her
gym shoes/for P.E. class.//

　また，前述したように，意味を考えながら音読するには，一部の表現を
「隠す」**マスキング法**が効果的である。前後の**余剰的な情報**（redundant information）からマスキングされている部分を**推測**しながら音読させる方法
である。語句を推測するには必然的に**意味**を考えなければならないのである。具体例を挙げてみよう。

（重要語句，文型等を隠す）

Students ▇▇▇▇ / their own classes / at this
school. Every student / ▇▇ / a different schedule.

Look. / This boy ▇ ▇▇▇▇ / to his music class. He
▇ ▇▇▇▇ / a flute case. This girl ▇ ▇▇▇▇ / her
gym shoes / for P.E. class.

（キーワードを消す）

Students choose / their own ▇▇▇▇ / at this
▇▇▇▇. Every ▇▇▇▇ / has / a ▇▇▇▇ schedule.

Look. / This ▇▇ is going / to his ▇▇▇ class. He
is holding / a ▇▇ case. This ▇▇ is carrying / her
gym ▇▇▇ / for ▇▇ class.

（語の半分を消す）

Stud▇▇ cho▇▇ / their ow▇ cla▇▇ / at this
sch▇▇. Every stu▇▇ / has / a diffe▇▇ sche▇▇.

Look. / This ▇▇y is ▇ing / to his mu▇▇ class. H▇
is ho▇ing / a ▇te case. This ▇rl is car▇▇ / her
gy▇ sho▇ / for P.▇ class.

（頭文字だけを残す）

（語尾の1文字だけを残す）

　また，**インク法**という手法もある。生徒の実態や本文の難易度などに応じて，徐々に溢れたインクの数を増やしたり，大きさを変えたりインクの場所を変えたりして隠す部分を調整していくことも可能である。

> Students choose / their own classes / at his
> school. Every student / has / a different s
> Look. / This boy is going / to his mus He
> is holding / a flute . This girl is carrying / her
> gym shoes / for P.E. class.

これらはいずれもパワーポイントのスライドを活用すると案外短時間で作成できるので，ぜひ試していただきたい音読練習の手法である。

　音読練習をする際に，チャンク（意味のかたまり）を意識させて行う方法もある。著者は，これを 'Chase Reading'「**追いかけ読み**」と呼んでいる。具体例を1つ示そう。まず，本文の各文に対して生徒はチャンクごとにスラッシュ（／）を鉛筆で入れるか，スラッシュを入れなくとも意味のかたまりを大方理解できているという前提で，文ごとに教師と生徒で次のようなや

り取りをする。

T:　Students choose

Ss:　Students choose［繰り返す］

T:　Their own classes

Ss:　Students choose their own classes［文の最初に戻って，1つチャンクを加えて繰り返す］

T:　At this school

Ss:　Students choose their own classes at this school.［また文の最初に戻って，1つチャンクをさらに加えて繰り返す。1文が終わったら次の文に移る。］

　教師はキューを与えるようにチャンクを順次読んでいき，生徒はその都度当該文の最初に戻って教師を追いかけるように読んでいくのである。もちろん，生徒は常に英語で音読していくことになるが，生徒の学習状況や実態に応じて，以下の例のように，チャンクの意味を確認したり，印象づけたりするために，教師はときには「自分の授業」「この学校では」などと**日本語でキューを与える**こともできるだろう。教師の読む量は少ないが，生徒が声を出して読む量は相当に多くなる。

T:　Students choose

Ss:　Students choose

T:　自分の授業

Ss:　Students choose their own classes

T:　この学校では

Ss:　Students choose their own classes at this school.

　音読練習は，「え？　また？」と生徒が思うほど，とかく**マンネリ化**の対象活動になってしまうことが多い。生徒がしっかり声に出して英文が読めるようになること，授業外（自宅）でも自力で英文が読めるようになること，これらをゴール・イメージにして知恵を絞り，様々な工夫のもとで音読が楽しいと思える生徒を育んでいきたい。

　最後に1つ付言しておきたいことがある。それは，音読の最終段階で生徒にやらせる，競争原理を取り入れた音読活動である。**読む速さを競わせる活動**である。生徒にとって，競争させることは一見盛り上がって活気のある活動のようにも見えるが，注意が必要である。結論を言えば，流暢に読めることは大切であるが，競わせて音読させるのはあまり望ましい活動とは言えない。速さを競うため，総じて**イントネーション**や**強勢**などが崩れ，英語らしからぬ音声になってしまうからである。

9.3　感情移入した音読の実践練習

　音読をする場合，話す場合と同様に，ペアやグループの仲間やクラス全体に聞かせる配慮もなく**平板に淡々と**読んでしまっては，「ことば」として相手に伝わらない。それでは，聞き手に魅力的なメッセージを与えることは難しい。**聞き手が引き込まれるような音読**を実践できるように指導したい。単に口頭で，**「感情を込めて音読しよう！」**と指示しても，具体的な実感が伴わないことが多い。そんな場合に活用できる，音読の実践力を高める手法の1つが Talk and Listen (Via & Smith 1983) という指導テクニックである（三浦・弘山・中嶋 2002: 135–136）。

　この指導テクニックは，'English as an international language via drama techniques' の副題が示すように，そもそも演劇俳優を訓練するために開発されたものを Via らが英語教育に応用したものである。三浦・弘山・中嶋（2002）で紹介されている例をもとに指導プロセスを見てみよう（一部加筆修正）。

　　1)　教師から生徒2人に以下のA・Bの台本を手渡し，それに2人が独自の解釈（誰と誰がどのような状況でやり取りしているか）を盛り込んだ上で，表情をつけたりジェスチャーを加えたりして感情豊かにクラス全体に演じる。

[A]	**[B]**
A: What's the matter?	A:
B:	B: Nothing.
A: But you look strange today.	A:
B:	B: I'm OK.
A: Well, tell me what happened?	A:
B:	B: I can't.

2) 他の生徒は，2人のやり取りを観て，2人はどういう関係で，今何が起こっているのかをペアやグループで推測する。

3) いくつかのペアあるいはグループの解釈をクラス全体に紹介させる。例えば，

We think they are an old husband and wife. The old man bought a lottery ticket one month ago and he found out on that morning that he won 100 million yen.

We think A is the mother of B. B is a junior high school student and he fell in love with a girl. They are in the same class.

We may be wrong, but we think A is a class teacher and B is one of her students. B left his lunch box at home. He doesn't know what to do.

などのように，様々な解釈が飛び出すだろう。最後に，演じた2人が状況を説明する。

　この指導テクニックにおいては，同じ台本であっても**2人の関係や状況**によってセリフの読み方がまったく異なることを生徒に気づかせることがポ

イントである。演じる 2 人は，自分たちの解釈の上で演じるので役割をき
ちんと意識して音読できるし，セリフ自体を新たに用意する必要もないの
で，負担が少ない。また，演技を観る方は，読み方によって伝わる内容が大
きく変わることを実感できるだろう。2，3 年生であれば，**前年度に使用し
た教科書**の中からやり取りをそのまま選んだり，一部を修正したりしてこの
活動に利用することも 1 つの方法だろう。

9.4　授業外（家庭学習等）での音読練習

　生徒には，復習や発展的な学習をさせるため，授業外で本文の音読（**暗
記・暗写**）練習を積極的にさせたい。そのためには，**授業での十分な音読指
導**が前提となる。時間切れで音読に十分な時間が取れないからといって家庭
での学習課題として提示しても，あまり効果は期待できない。それどころ
か，生徒のやる気を削いでしまう場合があるので注意を要する。

　また，授業外での音読練習を課すのであれば，次時の授業では，何らかの
形でその**成果を確認**したり，**評価**したりする必要がある。無駄骨を折らせて
はならない。例えば，次のような活動が考えられる。

　　1)　1 分間で全員に前時学習の本文を**暗写**させる。
　　2)　前時学習の本文を暗唱させる。

2)　の暗唱の場合，ボランティアに**暗唱**させることも考えられるが，いつも
ボランティアに発表させると，発表者が固定化してしまいかねない。それを
避けるには，例えば，前時に**次時の発表者**を数名指定しておいて，残りの数
名をボランティアとすることも有効である。

　各生徒が，英語教科書の本文あるいは教材などの英文を自力で音読できる
ように指導することが重要であり，かつ，生徒が自ら授業外でも復習や発展
的な活動として積極的に音読練習をしてみようとする態度を育てていきたい
ものである。

第10章　技能統合型言語活動の考え方と進め方

10.1　技能統合型言語活動とは

　これからの言語活動は，実際のコミュニケーション場面を考えた時，従来の学習活動で多く取り入れられていた**単一技能型言語活動**から**統合型言語活動**へと変えていく必要がある。以下は，石田他（2020: ff49）にもとづき加筆・修正したものである。

1）　従来の学習活動
- ・主として，**単一技能**を中心とした言語活動（4領域5技能が**分離**した形で行われる活動）であった。
- ・「知識・技能」に偏った学習であった。

2）　これからの学習活動
- ・4領域5技能の言語活動を有機的に関連付け，**統合**させながら行う言語活動を導入する。
- ・4領域5技能の力を**バランス**よく育てる学習内容と学習過程を企図する。
- ・生徒が**主体的**に学習材に向き合い，授業目標が達成できるように意図的，計画的に働きかけを行う。

3）　技能統合型言語活動の2つのタイプ（**本文の扱い方の違いに注目**）
- ・**タイプ1**：教科書本文の内容について「読むこと」を通して思考し，判断し，表現まで進む学びを実現する。（インプットとしての読み：中学校1学年〜3学年前半）
- ・**タイプ2**：まず，指導者が導入する，ある社会的な話題について，

「聞くこと」「話すこと」を通して指導者と生徒がインタラクションを行い，生徒同士のインタラクションへと発展させ，内容について習熟させ，さらに「読むこと」「書くこと」の言語活動を含めて，学びを深める。（学びを深めるための読み，詳細情報や議論の論拠となる情報を得るための読み：中学校3学年後半〜高等学校）

　以上のように，中学校英語と高等学校英語では多少の扱い方の差はあれ，これからはより現実社会で繰り広げられるコミュニケーション活動に近似した言語活動を展開していくことが求められるのである。

10.2　技能統合型言語活動につながるよい「発問」とは

　技能統合型の言語活動を進めていく上で，教師が発する「**発問**」の役割は大きい。以下は，発問の教育的効果と「読む活動」を中心に据えた統合型言語活動の学習段階に応じた「発問」の類型である。まず，技能統合型の言語活動を進めていくためには，何よりも**学習主体**である生徒の積極的な関わり（engagement & involvement）が不可欠である。そのためには，以下のように，生徒と教師，生徒同士での双方向のやり取りを促す発問が求められる。

1)　「発問」の教育的効果（田中・田中 2009: 18）

(1)　教材との主体的な関わりをもたせる。
(2)　授業内で協同的な学びを作り出す。
(3)　教師と生徒のコミュニケーションを作り出す。
(4)　教材が扱う多様なトピックについて生徒に考えさせる。
(5)　自分自身の考え・意見・感情に気づかせる。

　また，教科書本文や投げ込みの読みもの教材としての英文をベースに行われる，「読む活動」を出発点とした技能統合的な言語活動を行っていく場合には，各学習段階に応じて発問の種類を適宜選んでいく必要がある。以下はその類型と具体的な発問例である。

2) 「読む活動」を中心に据えた統合型言語活動の学習段階に応じた「発問」
   の類型

Pre-Reading Questions（読前発問）：興味関心の喚起，動機づけ，生
徒との関連づけなど

-Do you know anything about this person?

-Do you know any other stories like this one?

-Do you like hiking in the mountain?

-Have you ever had a similar experience?

-Do you think that there is a good solution to this problem?

While-Reading Questions（読中発問）：内容理解の確認，読みの深化
など

-Who is Sevan Suzuki?

-What did she do?

-What did she talk at the conference?

-What was the reaction of the audience?

-What does 'that' in line 5 refer to?

-What do you think she means by the sentence in lines 2 and 3?

-How does she say what she means?

Post-Reading Questions（読後発問）：理解内容の再構成，評価，思い，
感想など

-What message does S. Suzuki have for the people in the world?

-Make a list of things you would do to save the earth?

-You're a television reporter. Make a list of questions you would like
  to ask her.

-If you were Japan Prime Minister, what would you do to protect na-
  ture?

-Make a brief summary of the story.

-Retell the story by using your words as much as you can.

　言うまでもなく，3 番目の「Post-Reading Questions 読後発問」が技能統合型の言語活動を促す主たる発問となる。口頭で発問し，その応答として口頭で意見を述べ合わせたり，再話させたり，あるいは，書き言葉として要約させたり，感想を書かせたりする，より高度な言語活動へと発展させていくのである。

10.3　技能統合型言語活動につながる，本文読解のためのよい「発問 questions」とは

　第 5 章では，本文の内容読解を促す 3 種の発問，すなわち，**事実発問** (display questions)，**推論発問** (inferential questions)，そして**評価発問** (evaluative questions) を紹介した。ここでは，その他の発問を紹介する（田中・田中 2009 を参照）。

　　○ **理解**で使える発問
　　　・この英文の話題（何度も出てくる語句）は何ですか？（Main topic; keywords; skimming）
　　　　What is the main topic of this passage? / What words or phrases are used many times in the passage?
　　　・○○○が△△△である理由を本文中から 3 つ探しなさい（Supporting evidence, examples, reasons; scanning）
　　　　Try to find three reasons why … ? / What are the examples of … ?
　　　・「○○○は，△△△である」T(true) か F(false) か NS(not-stated)？　本文の内容から判断してください。(T-F or NS questions based on what is actually written in the passage)
　　　　John Lennon is a music teacher. T F or NS?

　　○ **思考**で使える発問
　　　・この英文の主題にあたる語句は何ですか？（Main theme; keywords; scanning）

What is the main theme of this passage? / What do you think the author wants to say/argue/insist [wants you to think about or keep in your mind]? / What word or phrase shows the author's feeling, thought or ideal most?

・○○○の気持ちがわかる英文はどれですか？（Key sentences; scanning）

Which sentence shows the author's feeling, thought or ideal most?

・この英文のパラグラフの間にはどのような関係がありますか？（Passage [discourse] structure; logical development）

What is the relationship between the two paragraphs? / What are the relationships among those three paragraphs?

・もしあなたが○○○だったらどうするでしょうか？（Supposition, hypothetical condition）

If you were the person, what would you do? / If you had been in that situation, what would you have done for the person?

○ **表現**で使える発問（難易度，創造性の度合いに基づいて A，B あるいは C ランクとした。）

・本文中で使われている表現を使って自分のことを表現しよう［C ランク］（self-expressions by using words/phrases/sentence patterns in the text）

Can you tell us about yourself by using the expression '*not only ~ but also*' starting with 'I can …'? (e.g., I can play not only the piano but also the guitar.)

・本文に見られる論理構成で自分自身の気持ちや考えなどを表現しよう［B ランク］（Expressions of feelings or ideas with reference to the discourse structure [parts/sections] of the text/ useful expressions in the text）

Can you tell us about something you are interested in with reference to the text structure of the passage? (e.g., What is Special

Day for you?)

・本文が投げかけたメッセージに対する自分の意見や疑問を表現しよ
　う［A ランク］(Expressions of opinions or arguments with refer-
　ence to the author's opinion or argument in the text)
　Can you tell us about your opinion or argument for or against the
　author's opinion or argument in the text? (Do you agree with the
　author's opinion? / What would you do if you were the author? /
　Do you have any different opinion about the issue?)
　本文の内容を深く理解し，自分と本文のつながりを生徒が強く感じ
　られるように働きかける。

　以上のように，発問には様々な種類があり，生徒の理解や学習を一層深め
るため，あるいは学習の目標等に照らしながら，必要に応じて適切な発問を
選択していくことになる。

10.4　統合的言語活動の 1 つの例 (Retelling)

　ここで，技能統合型言語活動の 1 つとして最近取り入れられることが多
くなった再話 (Retelling) の留意点と具体例を示していきたい。
　まず，**絵または<ruby>ストーリー・マッピング</ruby>** (p. 83) を見て本文の内容につい
て Retell(再話) する活動がある。その際，言い換えを多く取り入れたり，
再話の構成 (the structure of retelling) に注意を払わせたりする。再話活動
については，ただ単に，「本文の内容を英語で説明しなさい」などと言って
も生徒はうまく再話はできない。まずどのように内容をまとめるのか，どの
ような構成 (ひらく・つなぐ・とじる) やプレハブ表現，典型的な表現で再
話するのか，などについて，時間をとって例示するなどして，より**具体的
に，丁寧**に指導していく必要がある。
　次時において再話活動を取り入れる場合では，ペアなどで発表し合う場面
を設定すれば全員が発表する機会をもつことができる。机間指導中に何人か
の生徒を選んでおいて，ペア・グループでの活動後に全体に対して発表させ

ることもできるだろう。ただし，いつも同じ生徒ばかりに発表させていると他の生徒の意欲を削いでしまうので注意を要する。

　本章のまとめとして，第8章で示した**ストーリー・マッピング**の図を利用した再話の例を示す。太字の部分がマッピングに示した語句である。また，文の冒頭に付した数字は，下の註番号を示している。留意事項等を参考にしていただきたい。

[1]This is a story about **schools in Bangladesh**. [2]This is **Josna**. And these are her classmates. They are very friendly and I like them.

　Josna doesn't go to school **in the morning** and **works** very hard **at home**. In her country, **younger children** go to school in the morning and **older children in the afternoon** [3]because they **don't have many schools** there. They like school very much but they can go to school only in the morning or afternoon. [4]My brother doesn't like school but I like school. I'm so happy because I can go to school all day! [5]That's all. Thank you for your attention.

（註）

[1] これは再話を「**ひらく**」表現で，話題文（トピック・センテンス）とも言う。何の話かをまず聞き手に提供することが重要である。Let me tell you about the story. / This is what happened. / Are you ready for my story? / Let me begin. This is a story about … / I'm going to tell you about … などのプレハブ表現を徐々にレパートリーとして増やしていけばマンネリ化は避けられるだろう。

[2] 登場人物や場面や状況などについて概略説明する文である。

[3] 下線2以降は，本文の内容にそって再話をつないでいく（「**つなぐ**」）。Because, but, and などの接続詞を活用して，前後関係や論理関係を補足して再話ができるように指導していきたい。

[4] 単に本文の内容を再生するだけでなく，徐々に，この話題との関連で自分自身の立場や状況，自分の気持ちなどについてまとめとして加えることができるように指導していきたい。

5　再話を「**とじる**」表現を入れる。That's all for my story. Thank you. / Thank you for listening. / That's about it. / That concludes my story. / So that's my story. / That's all. Do you have any question? などのプレハブ表現をレパートリーとして増やしていきたい。また，Do you like school? Thank you. のように，聴衆であるクラスに対して修辞疑問文を投げかけて終わることもできる。

　再話活動をこれまで一度も取り入れたことのない方もおられるだろう。再話に限らず，新しい活動に挑戦する場合には，必ずしも全ての本文や単元，毎時間で取り入れる必要はない。最初は学期に 1 度か 2 度試してみて，生徒の反応や困難点等を洗い出しながら，無理のない範囲で**一歩踏み出す**こと，挑戦してみることが何よりも大切である。決して無理をしてはならない。**何事も一歩から**である。このことを本節の最後に 1 つ付言しておきたい。

Column 6

いろいろな疑問文とその応じ方

英語でのやり取りをスムーズに行おうとすれば，基本的な Q-A パターンに十分慣れ親しんでいる必要がある。以下のように，Yes-No 疑問，選択疑問文，5W1H 疑問文の典型パターンを帯活動の1つとして疑問文の作り方，答え方，代名詞の使い方などについて適宜指導するのも1つの方法である。なお，a horse などの箇所は，その部分が分からない（答えの中心となる）状況を示している。

1. This is a book.
   Q: _____   Is this a book?
   A: (Yes)_____   Yes, it is. It is a book.
     (No)_____   No, it isn't. It isn't a book.

2. That is a horse.
   Q: _____   What is that?
   A: _____   It's a horse.

3. That girl is your sister.
   Q: _____   Who is that girl?
   A: _____   She is my sister.

4. Your brother likes soccer.
   Q: _____   Does your brother like soccer?
   A: (Yes)_____   Yes, he does. He likes it.
     (No)_____   No, he doesn't. He doesn't like it.

5. Ken's mother lives in Tokyo.
   Q: _____   Where does Ken's mother live?
   A: _____   She lives in Tokyo.

6. You want something to eat, too.
   Q: _____   Do you want something to eat, too?
   A: (Yes)_____   Yes, I want something to eat, too.
     (No)_____   No, I don't. I don't want anything to
              eat, either.

7. There are two big parks in this town.
   Q: _____   How many big parks are there in this town?
   A: _____   There are two here.

8. Your parents are school teachers.
   Q: _____   Are your parents school teachers?

A: (Yes)＿＿＿＿＿＿＿
　　(No)＿＿＿＿＿＿

Yes, they are. They are school teachers.
No, they aren't. They aren't school teachers.

9. You went camping during the summer vacation last year.
　　Q: ＿＿＿＿＿＿＿＿＿

Did you go camping during the summer vacation last year?

　　A: (Yes)＿＿＿＿＿＿＿＿＿
　　　 (No) ＿＿＿＿＿＿＿＿＿

Yes, we did. We went camping then.
No, we didn't. We didn't go camping then.

10. You were watching TV at eight last night.
　　Q: ＿＿＿＿＿＿＿＿＿
　　A: (Yes) ＿＿＿＿＿＿＿＿＿
　　　 (No) ＿＿＿＿＿＿＿＿＿

Were you watching TV at eight last night?
Yes, I was. I was watching TV then.
No, I wasn't. I wasn't watching TV then.

11. Tom studied English yesterday.
　　Q: ＿＿＿＿＿＿＿＿＿
　　A: ＿＿＿＿＿＿＿＿＿

What did Tom study yesterday?
He studied English then.

12. My father has been to Sapporo twice.
　　Q: ＿＿＿＿＿＿＿＿＿

How many times has your father been to Sapporo?

　　A: ＿＿＿＿＿＿＿＿＿

He has been there twice.

13. My parents felt happy about my test score.
　　Q: ＿＿＿＿＿＿＿＿＿

How did your parents feel about your test score?

　　A: ＿＿＿＿＿＿＿＿＿

They felt happy about it.

14. You have already finished lunch.
　　Q: ＿＿＿＿＿＿＿＿＿
　　A: (Yes) ＿＿＿＿＿＿＿＿＿
　　　 (No) ＿＿＿＿＿＿＿＿＿

Have you already finished lunch?
Yes, I have. I've already finished it.
No, I haven't. I haven't finished it yet.

　用紙を破線のところで縦に２つに折り，生徒は左面のみを見て疑問文・応答がすらすら言えるようになるまで練習する。疑問文や応答の仕方を忘れた場合や確認したい場合には裏面を見てもよいことにする。Ｔは，No. 5などと番号を示して刺激文を repeat させ，その後，Question あるいは Answer（Answer Yes/No）とキューを出して全体，グループ，個人などの学習形態で練習させる。

　教科書の中から重要文，重要表現などを意図的に取り出して練習させるとよい。

第11章　学習評価の進め方

11.1　学習評価の目的

　学習評価は，重要な教育活動の1つである。学習評価の目的は，以下のように大きく分けて2つに分類することができる。

　　目的1：児童・生徒の**学習状況を確認**したり，学習意欲を高めたりすること
　　目的2：指導者が**学習指導の改善**を図るための資料を得ること

評価活動は教師だけが行うのものではなく，「目的1」のように，児童・生徒による，児童・生徒のための活動でもある。自身の学習状況を把握して，今後の学習課題につなげていくことは生徒にとっての重要な振り返り活動である。

　「目的2」については，年度計画や単元計画や各授業で示した目標に照らして，生徒はどの程度達成できているか，もし，達成が不十分な生徒が多いと判断すれば，指導過程や指導方法，目標自体のどこに問題があったのかを教師自身が今後の学習指導の改善を図るための拠り所にするために行う評価である。

11.2　学習評価の原点

　学習評価を考える場合，「指導と評価の一体化」といわれることが多い。しかし，上で述べたように，年度計画や単元計画や各授業で示した目標があってこその指導であり，指導があってこその評価である。そのため，著者

は「**目標**と**指導**と**評価**」の一体化とする方が望ましいと考える。評価は，目標（基準と規準）が明確にされて初めて実施が可能となるからである。目標が高すぎたり，低すぎたりしても教育効果は期待できない。もちろん，指導が不十分であれば生徒の学習の達成度は低くなるだろう。「**目標**と**指導**と**評価**」がバランスよく設定・実践されて初めて高い教育効果が期待できるのである。

　以上のことを前提として，「**目標**と**指導**と**評価**」は具体的にそれぞれ次のような視点で設定，実践することになる。

　〈**目標**〉　単元全体の計画：　単元を通して，どのような知識・技能，思考力・判断力・表現力や態度を身につけさせようとするのかを押さえた上で，この1単位時間ではどのような知識・技能，思考力・判断力・表現力や態度を身につけさせようとするのかを設定する。目標は，**具体的で**，**客観的で**，**行動目標的なもの**が望ましい。特に注意したいのは，文法など言語形式はコミュニケーション活動を支えるものであるという観点から，言語形式の学習が全面で出るような目標は設定しないことである。

　〈**指導**〉　本時の指導（授業）計画：　授業目標を達成するために，この1単位時間の中で具体的にどのように学習指導を展開するのかを整理，実践する。目標が達成できるように**学習活動**や**言語活動**などの**機会**を確保することが求められる。

　〈**評価**〉　評価の計画：　単元及び授業の目標に照らして，いつ，誰が，何を，どのように評価するのかを事前に計画し，授業実践中や事後に評価を行う。**目標**に対応した**評価内容**の点から，適切な**評価者**や**評価時期**，**評価方法**を選択して実施する。

この「**目標**と**指導**と**評価**」が学習指導のあらゆる段階で一体的に，循環的に機能して初めて最も大きな教育的な効果が期待できる。

11.3 学習評価の種類

　学習評価には，学習段階や目的に応じて様々な種類がある。以下，代表的なものをあげ，その要点を示してみよう。

1) **診断的評価**（Diagnostic Assessment）
　この評価は，「レディネス評価」とも言われる。すなわち，新しい学習材・言語活動を指導するにあたって立てた学習目標を達成するために，生徒は既習の学習事項をどの程度まで習得しているか，学習準備（レディネス）ができているか，関連する事項に関して，何らかのつまずきのある箇所はないか，などについて，学習に入る前に「診断的」に把握した上で，指導しようとする内容や学習過程で学習目標が実現できるかを事前に評価することである。

　例えば，一般動詞の 3 人称単数現在の -(e)s の指導にあたる場合，指導対象の生徒が be 動詞と主語の一致についてどの程度習熟しているかが問題になる。もし仮に，十分に身についていない生徒が多くいるとすれば，復習や補強する指導を行わなければ，一般動詞の 3 人称単数現在の学習に進むのは難しいだろう。そのため，教師は何らかの方法で事前に習熟度を確認しておく必要があるのである。

2) **形成的評価**（Formative Assessment）
　この評価は，指導や学習過程で学習目標が実現しつつあるかを指導途中で測定（確認）する評価のことをいう。もし，評価の結果，生徒の学習が必ずしも指導者の思う方向に進んでいないと判断すれば，指導内容や方法，過程（例えば，前分節に立ち戻って指導したりすること）の修正や改善を図っていく必要がある。

　この種の評価は，1 単位時間の中で行うことが多く，場合によっては計画していた指導内容を大幅に修正（中止を含む）する必要に迫られることもあるだろう。

3)　**総括的評価**（Summative Evaluation）

　この評価は，単元の学習の最終段階において，当初設定した学習目標が，どの程度達成，実現できたかをペーパー試験や言語運用（パフォーマンス）などを通して生徒一人ひとりの学習状況を把握するために行う評価である。

　総括的評価の場合，ルーブリック評価を行うことがある。次節の観点別学習状況の評価の後で具体例を 1 つ示すことにする。

　なお，Assessment と Evaluation の用語の使い分けに注意したい。すなわち，一般的には，Assessment と言えば，それは初期的，中間的な評価のことであり，目標が十分に達成できるように学習の前段階あるいは学習過程で**学習状況を診断する**評価である。一方，Evaluation は**学習結果（成果）**を評価するものである。

11.4　観点別学習状況の評価

　学習指導要領では，以下に示すように 3 つの観点（評価の柱）が設定されている。それぞれの概要・要点は以下の通りである。なお，プレハブ表現を使用した「やり取り」の習熟を目標とした場合の具体例を各観点末に示した。

　「知識・技能」（表現の**正確さや流暢さ**）
　・英語の音声や文字，語彙，表現，文構造，言語の働きなどを理解している。
　・英語の知識を，聞くこと，読むこと，話すこと，書くことによる実際のコミュニケーションにおいて活用できる技能を身につけている。
　・コミュニケーションを行う目的や場面，状況などに応じて，日常的な話題や社会的な話題について，英語で簡単な情報や考えなどを理解できる。
　〔具体例「やり取り」：コミュニケーションの目的，場面・状況に応じて，プレハブ表現の機能（あいさつ Hello! How are you? I'm great. etc.，切り出し You know what? Can I have a minute? etc.，同情 Oh, that's too bad. I'm sorry to hear that. etc.，謝罪 I'm sorry. Please forgive

me. etc., ほめ I like your jacket. You look great today. Your speech was excellent! etc., 激励 You can do it. I'm behind you. Believe yourself. etc., 行動を促す Go ahead. Your turn to speak. etc., 申し出 Can I help you? Do you want more time? etc., 要求 Give me one, please. Can you give me your opinion? etc. など) を理解した上で，それらを正確に使用できる。〕

「思考・判断・表現」（表現（内容）の**適切さ**）

・コミュニケーションを行う目的や場面，状況などに応じて，日常的な話題や社会的な話題について，英語で簡単な情報や考えなどを理解できる。

・この理解力を活用して表現したり伝え合ったりする力を身につけている。

〔具体例「やり取り」：相手の発話内容が理解できない場合は，聞き返す Pardon? Can you say it again, please? You went where? etc., 質問する Did you go to Fukuoka? Are you saying Tomoe doesn't want to go there? etc., などのプレハブ表現を活用した上で，理解した内容をもとに自分で内容表現を判断して適切に表現できる。〕

「**主体的に学習に取り組む態度**」（相手に共感的に粘り強く，自らの学習を**調整**）

・外国語の背景にある文化に対する理解を深めている。

・聞き手，読み手，話し手，書き手に配慮しながら，主体的に外国語を用いてコミュニケーションを図ろうとする態度を身につけている。

〔具体例「やり取り」：相手のことを理解しながら，相手にわかりやすいように，また興味を示したり (How nice! Is that right? I can't believe it. That's interesting. etc.)，同意したり (You're right. That's true. I agree. I'm on your side. etc.) しながら相手に共感的に接する姿勢を示すためにプレハブ表現を使用することでコミュニケーションを続けようとする。〕

　最後に，**ルーブリック評価**の例を見てみよう。「ルーブリック（rubric）とは，上で示した観点とそれに対応した**評価尺度**を段階的に表現した表（テーブル）のことである。例えば，「自分の将来の夢について伝え合うことができる。」という単元の総括的評価に対して「パーフォーマンス評価」によって「話すこと（やり取り）」領域の「知識・技能」の観点別評価をルーブリックで行う場合である。

評価規準	〈知識〉 職業に関する語句や to 不定詞，because などの表現を理解している。 〈技能〉 将来なりたい職業について to 不定詞，because などの表現理解をした上で，自分の考えを伝える技能を身につけている。
A（5点）	将来なりたい職業について to 不定詞，because などの表現を正確に用いて，自分の思いを原稿を見ることなく適切な英語で伝えることができる。
B（3点）	将来なりたい職業について to 不定詞，because などの表現をほぼ正確に用いて，自分の思いを時々原稿を見ながら何とか自分の力で英語で伝えることができる。
C（1点）	友だちや教師の助けがあれば，将来なりたい職業について to 不定詞，because などの表現を用いて，自分の思いを原稿を見ながら何とか英語で伝えることができる。

　このルーブリック評価では，「知識・技能」の観点において「**正確さ**」と「**適切さ**」を，そして，「話すこと（やり取り）」においては，「**即興的に**」やり取りができるか，**原稿を見ず**にやり取りできるか（次章を参照）をポイントとして，これらを軸に評価尺度（段階的にスコア）を設定している。この場合，A（5点）ランクにおいては，「正確に」「原稿を見ることなく」「適切な英語で」という表現が評価規準に合致することを示しており，B（3点）ランクにおいては，「ほぼ正確に」「原稿を見ながら何とか自分の力で」という表現が，そして，C（1点）ランクにおいては，「友だちや教師の助けがあれば」「原稿を見ながら何とか」という表現が，その達成度に応じて，それぞ

れ評価規準を下回る状況を示している。いずれにしても，実際には，単元や授業の目的，生徒の実態などに応じて評価のポイントや尺度を策定してルーブリックを作成していくことになる。

　以上，本節では，評価の種類と内容，学習指導要領で示された3つの観点（評価の柱）の概要・要点を整理してきた。単元計画や1単位時間の授業案を作成する際には，これらのうち，どの観点をどのような内容で扱うかについても詳しく設定していくことになる（第13章の指導計画・学習指導案例を参照）。

Column 7

Let's debate in English!

Today's topic: Japanese people should learn English.

T: Good morning, class. Today we're going to have a debate on the topic, "Japanese people should study English." I'm going to be the moderator (M). Now Group 1 is on the PRO side and Group 2 is on the CON side. First, Group 1, please give us the reason for supporting the positive side.

Group 1: Yes. We think that all of us should study English for two reasons. First, English is now used all over the world. Second, English is more important than any other languages in the world. For these two reasons, all Japanese people should learn English.

T (M): Thank you, Group 1. Now Group 2, please give us your reason for the negative argument.

Group 2: Thank you, Moderator. Yes, we see Group 1's points, but we don't think that all of us should learn English for two reasons. First, you say that English is used all over the world. But is English the only language in the world? Do all the people in the world speak English? We don't think those are true. Second, you also mention that English is one of the most important languages, but we don't agree with your opinion because it is not good to say language A is more important than language B. Any language should have the same value.

T (M): Thank you Group 2 for the negative argument for the topic. Now I would like each side to argue against the other side. Before we go on to counter-arguments, I'll give you five minutes to discuss the rebuttal in your group. Ready? Get started!

　—(five minutes later)

T (M): Now, Group 1, the PRO side, please give us a rebuttal.

Group 1: Thank you. We understand Groups 2's argument against our opinion, but English is used more often than any other languages in the world. Are you negative about this fact?

Group 2: No, it is true. We also think Japanese people should learn English, but our point is that we don't think all of us should do. We know that some people such as business people must speak English, but many of us do not have to use English for our daily lives in Japan.

T(M): Thank you both sides. All of your arguments are very clear and powerful. Now I would like today's judges to decide the winner.

第12章　これからの英語科教育でつけたい力

12.1　3つの力

　結論から言おう。これからの英語科教育でつけたい力は，英語を**正確**に読んだり書いたり聞いたり話したりできる力と，コミュニケーション場面や状況，目的に応じて**適切**に言葉を選択できる力，そして，事前に原稿を用意せずに**即興**でやり取りする力，この3つの要素である。これらの力は，例えると，3輪車の車輪と同じである。どれか1つの車輪が欠けても車は動けなくなるし，生徒の英語力もどれか1つに大きな課題があれば，英語でのコミュニケーション活動を円滑に行うことはできない。3つの力が均衡のとれた形でバランスよく身についていなければならないのである。

　「うちの生徒は，とにかく口頭ではよく話をするが，**書かせるとまったく不正確な英語**で困ったものだ」，「うちの生徒は語彙や文法的な知識は豊富だが，**変なところで変な英語を使って困る**」，あるいは，「うちの生徒は・原稿（台詞）を憶えてのやり取りはうまくできるが，そうでない場合は**言葉につまる**ことが多い」などと耳にすることがある。これがまさに「**正確さの力**」と「**適切さの力**」「**即興性の力**」のバランスを欠いた状態なのである。本章では，どうしたらそれぞれの力をバランスよくつけられるか，この難問に向き合うためのヒントと具体的な指導例を検討していきたい。

12.2　正確さ（accuracy）

　まず，正確さの力を身につけさせるためには，何はともあれ生徒の心の中に正確な表現形式や文法知識が**長期記憶**（long term memory）として残ら

なければならない。**短期記憶**（short term memory）は，せいぜい早いもので数秒後には消えていくので，短期記憶を長期記憶に変える様々な工夫が必要である。

短期記憶を長期記憶に変えていくは，以下のような認知的刺激や経験などが必要とされる。

新奇性： 意外な体験，ハッとする体験
頻　度： 繰り返し体験，類似体験
注　意： 気づき，集中
視覚化： 情報の視覚化，見える化
関連性・体系性： 共通性，規則性に気づく

まず，何らかの刺激に対して，意外な思いを抱いたり，ハッとするような経験をしたりするとその事態は記憶に残りやすい。また，経験頻度を高めることも必要である。英語の学習においても聞いたり使ったりする経験が多ければ多いほど記憶に残りやすいのである。

また，本書の冒頭でも述べたが，教師が教えれば生徒は学ぶものと思いがちであるが，学習主体である生徒が学習に積極的に関わりを持ち，学習に集中して何らかの**気づき**を得ることによって学習が成立することが多く，結果，学習したことが**長期記憶**へと変換されていくのである。さらに，学習内容は多岐にわたるが，どこかの段階で**視覚化**して情報を整理したり，一見，関連性のない事柄に**共通性**や**規則性**を見出す，気づく経験をさせたりすることも有効である。

ここでは，これらの視点を取り入れた4つの具体例を紹介したい。1つ目は，中学生の多くがつまずきを経験する**3人称単数現在**の -(e)s について，主語と動詞の一致関係を**視覚化**して気づかせる例である。まず，3人称といっても，1人称，2人称とどのような関係になっているのか。これを言葉で説明しても，特に中位から下の生徒たちにとっては理解しづらいのが実態ではないだろうか。そこで，下の図に示すように，「**話の輪の中にいる人**」と「**話の輪の外にいる人**」を区別し，かつ，人の数を図示すれば，例外的に動詞に -(e)s が付く場合を理解できるのではないだろうか。

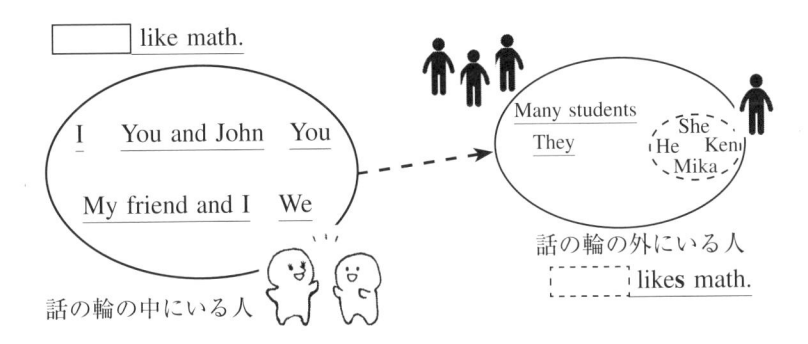

また，3 人称単数現在の一般動詞の語尾を be 動詞の種類と関連づけるため，以下のような表を提示して主語と動詞の関係を視覚的に捉えさせる方法も考えられる。

I	am	like
You	are	like
John	is	likes
He	is	likes
They	are	like
My mother	is	likes
She	is	likes
My father and mother	are	like
Kochi	is	has
Tennis players	are	like
Our school	is	has

　すなわち，一般動詞の現在形に -(e)s が付く場合 (likes/has) は，be 動詞が 'is' の場合であることがわかる。これは，このような表を視覚的にまとめなければ気づかない事実である。実は，この規則性，すなわち，「**3 人称単数現在の場合は be 動詞であろうが一般動詞であろうが例外なく語尾に -(e)s がつく**」というのは，著者が中学校の英語教師をしていたときに，ある生徒が気づき，著者やクラスメイトに教えてくれた規則性なのである。おそらく，彼は心の中で上のような表を視覚的に見ていたのだろう。

　2つ目の例も，この3人称単数現在の -(e)s と関連するが，**Yes-No 疑問文の作り方**である。Be 動詞の場合は比較的容易に理解できるが，一般動詞が登場し，do, does の使用と動詞の原形化が必要になる状況では事はそう簡単ではなくなる。そこで，Yes-No 疑問文に**共通する原理**を整理して，これも視覚的に整理すれば，*Does he likes apples? のような誤りをする生徒はほとんどいなくなる，そんな指導例である。具体的に言えば，Yes-No 疑問文の基本は下図が示すように，主語と動詞（時制を受ける言語項目）の×（**タスキがけ**）である。

> He is a college student.
>
> Is he a college student?

一般動詞の場合をどうするかだが，1つの工夫として，例えば，'like' という動詞には 'do' と称する**忍者**が潜んでいるとする。Do を忍者第1号と称する。そして，'likes' には 'does' の忍者第2号が，'liked' には 'did' の忍者第3号が，それぞれ 'like'（do + like）'likes（does + like)' 'liked（did + like)' というの形で潜んでいると設定する。忍者は疑問文あるいは否定文になると突然現れて，以下のように×（タスキがけ）の対象となる。

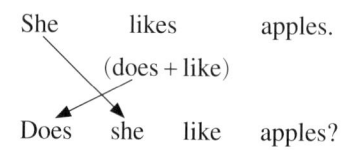

> She　　　　likes　　　　apples.
> 　　　　（does + like）
> Does　she　like　apples?

　これを上図のように視覚的な形で提示するのである。このやり方は一見煩雑のように見えるが，著者の経験上，英語の疑問文のメカニズムを理解させるには非常に有効であり，生徒の長期記憶に残り，先ほど例示した Does … likes … のような誤りや，Is he likes … のように動詞を2つ使用するような誤りは激減する。もちろん，肯定文を疑問文にしたり否定文にしたりする十分な**口頭練習**（繰り返し体験）が欠かせないのは言うまでもない。

　3つ目は，これも中学生のつまずきの原因になる文法項目の**関係代名詞**である。いまだに関係代名詞を使って2文を1文にする練習をみかけること

があるが，それは関係代名詞の機能から言えば，必ずしも適切な活動とは言えない。そもそも考えてみれば，2文で表現できるものを，なぜわざわざ1文にしなければならないのか。また，2文を1文にするような言語活動など，実生活においては存在し得ないのである。

　関係代名詞というのは，元来，**名詞句を拡張**すること，すなわち，当該名詞を**分類**したり，当該名詞の**一時的状態**を記述したりする機能を持つのである。したがって，文レベルで関係代名詞を捉えるのではなく，あくまでも（名詞）句レベルで捉えることが鍵となる。具体的に言えば，関係代名詞を使った句 'the man who plans to run for the president' は，前置詞句が後続する 'the boy on the bench' や 現在分詞が後続する 'the girl playing tennis' の下線部と基本的には同じ働きをする。そして，この名詞句は，ときには主語 (The man who plans to run for the president is not so popular among the people.) として使用されたり，目的語 (Do you know the man who plans to run for the president?)，補語 (This is the man who plans to run for the president.) などとして使用されたりするのである。

　このように考えれば，名詞句を拡張する練習を積み重ね，それを色々な表現の中で使用させる活動を積めば，関係代名詞の機能を活かした表現の幅も大きく広がるだろう。

　4つ目は，**to 不定詞**と **動名詞 -ing** の関係である。例えば，finish という動詞の後に動詞（準動詞）がくる場合である。多くの場合は，finish は -ing, enjoy も -ing, remember は，to 不定詞か -ing のいずれかで，それぞれ意味が異なる，などというように，主動詞との関係で説明することが多いのではないだろうか。このようにバラバラに，ケースバイケースで提示されれば，なかなか長期記憶には残りにくい。

　そもそも，to 不定詞というのは，前置詞の to とどこが違うのだろうか。おそらく，英語の母語話者は，概念的には同様に捉えているのではないだろうか。つまり，到達点を示したり，これから向かおうとしている地点，不確定ながらこれから行うかもしれない行動であろう。そう考えれば，終結を意味する finish に to 不定詞が後続しないのはもっともである。また，remember に後続する to 不定詞の場合，これから行おうとすることを忘れな

いで憶えているという状況で使用することも納得がいく。一方，-ing の場合はどうか。これは，すでに動き始めている動作，ほぼ確実に行うことが予測できる動作，過去に行った動作などを示すのである。そうすれば，なぜ，enjoy に後続するのは -ing なのかが納得がいく。例えば，'Enjoy skiing there with your family!' という場合，未来の行動ではあるが，相手が家族と一緒にスキーに行くのは確実なので，話者の頭の中では相手らがスキーをしていることを想像しながら発していると考えても無理はない。

　最後に，これも日本人が苦手な言語項目の１つで，正確さを考える上では一見やっかいではあるが，人の言葉（形式）とモノの捉え方（認識）や事態把握（construal）に関わる興味深い例なのでここで紹介したい。**名詞の複数形**の問題である。皆さんが中高学生の時，複数の 'fish' を表現する場合，例えば，'six fish'（6匹の魚）のように語尾には -es はつけないのが正確な形式だと学習したのではないだろうか。この複数形のことを，複数形を取らない複数形，あるいは「ゼロ複数形」と呼ぶことがある。形式を変えないでよいというのは学習する側にとっては好都合のようであるが，事はそれほど単純な話ではない。というのは，'fishes' という -(e)s 複数形をとる場合もあるからである。

　これは，ある高校の英語の教師から聞いた話であるが，英語母語話者である英語指導助手（ALT）の初出勤の際に，同校が飼育している水槽の魚をみて，"Oh, these fishes are very cute."（この魚たち，とても可愛いですね）と発したというのである。生徒には，'fish' は複数の場合であっても単数形を使用すると常日頃教えているその英語教師にしてみれば「はて，なぜ 'fishes'？」と疑問をもった謎の出来事であったいうのである。実は，この逸話が出る直前に以下に述べる英語話者のモノの捉え方と複数形の関係を著者がその英語の教師に講じたところ，その教師は，「なるほど，それで謎が解けました！」と謎の顛末を話してくれたのである。

　英語話者は，これらゼロ複数形と -(e)s 複数形の２つの形式を状況に応じて明確に使い分けているのである。では，どのように使い分けているのか。下図のように，彼らは 'fish' という実体を状況に応じて異なる捉え方をしているのである。

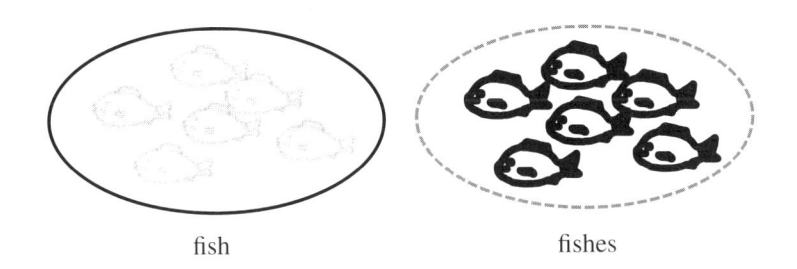

fish　　　　　　　　　　　　　　fishes

　英語話者は 'fish' を**集合的**に捉えていて，個々の魚には注意を向けていない場合（左図），その状況では冒頭で引いた例（'six fish'）に見られるゼロ複数形を使用するのである。一方，魚の種類やその特徴などから 1 匹 1 匹を，各々個性のある個体として**心理的共感**をもって**個別化**して捉えている状況では（右図），彼らは -(e)s 複数形を使用する。先ほどの ALT が水槽の魚を見て 'these fishes' と表現したのは，その魚を単なる集合的なモノや漁の対象としての 'fish' としてではなく，心理的共感（sympathy）をもって 1 匹 1 匹（individuals）を個性的な愛玩動物として捉えていたのである。

　'Fish' のようにゼロ複数形をもつ語には，'albatross'（アホウドリ），'carp'（コイ），'deer'（シカ），'lobster'（ロブスター），'mink'（ミンク）などがある。これらの名詞は，'fish' と同様に通常は 'a flock of albatross'（アホウドリの群れ），'two carp, eight deer, a lot of salmon, a few mink' などのように語尾には -(e)s は付さない。しかし，上の右図のようにそれぞれ個別化した対象として捉える場合には，いずれも -(e)s 複数形をとることが可能なのである。なお，上の例で明らかなように，ゼロ複数形をとる語は**狩猟や漁の対象**となるものが多いことがわかる。狩猟や漁をする人は，とりわけゼロ複数形を好むとされている。彼らは獲物をいちいち個別化したり，心理的共感をもって個性化したりはしないことが背景にあるのだろう。

　これらのことから，'fish' をはじめ，これらの語を，複数形をとらないゼロ複数形の語であると決めつけるのは正確さを欠くことになる。むしろ，状況次第で，すべての語（名詞）が -(e)s 複数形をとり得ると考える方が正しいと言える。そして，このことは，通常は**不可算名詞**（物質名詞などの数えられない名詞）に分類される名詞にも言えることである。例えば，'knowl-

128

edge'（知識）は，"George has little knowledge of Japanese."（ジョージは日本語をほとんど知らない。）のように，物質名詞や抽象名詞に付加する 'little' が使われ，可算名詞に付加される 'few' などは使用されない。しかし，"Kohta has a good knowledge of English."（洸太は英語に精通している。）のように，'knowledge' が可算名詞（数えられる名詞）のように不定冠詞の 'a' が付く場合もあるのである。したがって，可算・不可算の対立も状況次第では，どの語（名詞）もいずれにも使用され得ると考える方が妥当かもしれない。問題は，話者がどのようにモノを捉え，事態把握をしているかに因るのである。

　ついでながら，複数形のことに関してもう 1 つ興味深い例がある。'Dolphin' という語である。この語は，イルカや魚のシイラ（'dolphinfish' ともいう）を指すが，イルカの 'dolphin' はゼロ複数形をとる語には分類されておらず，複数形は 'dolphins' が一般的である。英語圏の人たちはイルカを保護動物と考えるので，それが英語表現に表れているのだろう。一方，魚の 'dolphin'（シイラ）はゼロ複数形をとることから，英語話者はこの 'dolphin' を漁の対象として集合的に捉えていることがわかる。

　このように，**モノなどの捉え方，認知方法の違い**が言葉（形式）に表れる興味深い例である。「正確さ」と言っても，表層的な規則性，体系性だけではなく，人のモノの捉え方，認識レベルでの事態把握に左右されることもあるので注意したい。

　以上，ここでは正確さに関わる 5 つの例をあげた。言葉というのは例外ばかりで成り立っているのではなく，一定の原理や規則や人の認知作用の上に成り立っていることが多い。授業において，生徒の記憶に残りやすいような様々な工夫を創出するために普段からアンテナを高くはって，生徒がハッとして興味を持ち，惹きつけられ，彼らの長期記憶に残りそうな事項，事例を知恵袋に貯めておいてはいかがだろうか。

12.3　適切さ（appropriateness）

これまで本書で幾度か述べてきたように，意味と機能と形式の対応関係を

身につけることは言葉の習得には欠かせない。つまり，ある社会的なコンテクストにおいて円滑にコミュニケーションを行うためには，場面や状況（意味・機能）に応じて，常にどの語彙や表現（形式）を選択するかが問われることになるのである。したがって，普段の授業においても，あるいは生徒自身が自ら英語と向き合う場合においても，コミュニケーション場面や状況，目的と英語表現の関係に意識を向けて，**言葉選択の適切さ**に注意をはらっていかなければならない。

　このような言葉を適切に選択する力を養成するためには，生徒に対して，ただ言葉で「コミュニケーション場面や状況，目的と英語表現の関係に意識を向けて，言葉選択の適切さに注意をはらいなさい」と指導しても，実際に選択を迫られる場面に遭遇しなければ，そのような力を身につけることは難しいだろう。

　1 つの有効な方法は，既習の教科書本文にある対話文などを参考にして表現選択のプラクティスをすることである。例えば，*Here We Go! English Course 1* を参考にした簡単な例を紹介してみよう。初対面の 2 人が交わす言葉であるが，Eri は (1) から (3) のどの表現を選択して応じるだろうか。いうまでもなく，このような状況であれば，(2) が最も適切な表現である。

Tina:　Hello.　I'm Tina.　I'm from New York.
Eri:　　Hello.　I'm Eri.　(　　　　　　　　　　)
　　　　　　　　　　　　(1) Nice to see you.
　　　　　　　　　　　　(2) Nice to meet you.
　　　　　　　　　　　　(3) Nice to hear from you.

　ここで，「最も適切な表現」とあえて言ったのは，選択する表現はどれも文法的にも正確であり，状況によっては 100% 不適切な表現とは言えない場合もあるからである。つまり，正確さの場合には，白か黒かというように，正確さの度合いは 0% か 100% かというのが基本であり，一方，適切さの場合には，どのような人物が関わっているかなどにより，灰色，つまりグレーの場合で，適切度は 85% あるいは 90% ということもあり得るということである。ここが正確さと適切さでは大きく異なる点である。

　以下に，同じ教科書を参考にした例をいくつかあげるので，コンテクストに応じて，どれが適切な表現かを考えてみてほしい。[1]

a)　Eri:　　Hello. Are you OK?

　　　Tina:　I'm lost. I want to go to Honcho Junior High School.

　　　Eri:　　I'm a student there.　Let's go together.

　　　Tina:　(　　　　　　　　　　)

　　　　　(1)　Oh, do you?

　　　　　(2)　Sounds fun.

　　　　　(3)　Thanks.

b)　Ms. Rios:　Clean-up time?

　　　Eri:　　　　Yes, we clean our classroom every day.

　　　Ms. Rios:　(　　　　　　　　)

　　　　　　(1)　They are nice!

　　　　　　(2)　Sorry to hear that.

　　　　　　(3)　I'm impressed.

c)　Grandpa:　Where is Tina?

　　　Mr. Rios:　She's in bed.

　　　Grandpa:　(　　　　　　　　　)

　　　　　　(1)　Oh dear.

　　　　　　(2)　I can't wait.

　　　　　　(3)　Nice to hear that.

d)　Ms. Rios:　Where's the cafeteria?

　　　Tina:　　　We don't have one.

---

[1] a) から e) の選択問題の解答例である。参考にしていただきたい。
a)　(3) Thanks.
b)　(3) I'm impressed.
c)　(1) Oh dear.
d)　(2) Really?
e)　(2) Are you kidding me?

Ms. Rios: (　　　　　　　　　　　　) Where do you have lunch?

　　(1) How about you?

　　(2) Really?

　　(3) Oh, do you?

e)　Kota:　New York? I'd like to go there someday. I want to see the Statue of Liberty.

　　Tina:　Why don't you come to New York with me?

　　Kota:　(　　　　　　　　　)

　　Tina:　No, I'm serious.

　　(1) Are you sure?

　　(2) Are you kidding me?

　　(3) There you are!

　以上は，教科書の対話文を参考にしたものであるが，上位の生徒に対して，より発展的な練習課題を用意することもときには必要だろう。例えば，以下のような課題はいかがだろうか。[2]

　a)　A:　What did John give you?

　　　B:　That's a good question. (　　　　　　　　　)

---

[2] a) b) の解答例である。

　a)　(3) Well, he gave me a book. ((1) は，誰に本を与えたのかが応答の中心となる内容なのでここでは適切ではない。英語の文では，end-weight の原則といって，文末に新情報，重要な情報が来ることが多い。ここでは，ジョンが君に与えたのは何か，というのが答えの中心なので，(3) が適切である。)

　b)　(1) What brought you here? (ここで選択に迷うのは (1) か (2) であろう。いずれも質問に対する応答にはなっているが，初対面の人に対して，かなり直接的で多少失礼なニュアンスを含んだ (2) はあまり好ましくない表現である。)

　c)　(2) I'm sorry. (ここでは，「お気の毒に」に対応する英語表現を選択する。著者が大学生を対象に調査したところ，(1) That's too bad. を選択する割合が約 90% におよんで驚いたことがある (Murahata 2019)。この表現は，宿題が多くて大変だ，などと相手が述べた場合などでよく使用されるもので，誰かが亡くなった場合など心の痛みが大きい事態の時にはあまり使用されない。日本の大学生は，お悔やみを英語で述べるような機会があまりないのでこのような表現選択のミスをするのかもしれない。)

　(1)　Well, he gave a book to me.

　(2)　Well, I gave him a book.

　(3)　Well, he gave me a book.

b)　A:　Hello.　My name is Mika.　Nice to meet you.

　　B:　Hello.　I'm Mickey.　Nice to meet you, too.

　　A:　(　　　　　　　　　　)

　　B:　Well, I'm crazy about manga and anime.

　　(1)　What brought you here?

　　(2)　Why did you come here?

　　(3)　Where do you want to go?

c)　A:　What's new today, Sawa?

　　B:　Well, my grandmother passed away last week.

　　A:　Oh,　(　　　　　　　　　)

　　(1)　that's too bad.

　　(2)　I'm sorry.

　　(3)　excuse me.

　こうしてみると，言葉の選択というのは，どれが適切なのか，どれが不適切なのか，微妙な判断をしなければならない場面が少なからずあることがわかる。特に，上の b) c) の表現選択の場合には，対人的な，つまり**社会的関係，社会語用論的課題** (socio-pragmatic issues) が深く絡んでいるのである (Murahata 2019)。本節の冒頭で，「社会的なコンテクストにおいて円滑にコミュニケーションを行うためには，常にどの語彙や表現を選択するかが問われる」と述べたのは，そのためである。

　最後に，ついでながら，これは笑い話とするよりは，むしろ羞恥の念を禁じ得ない逸話であるが，表現の選択を誤れば，このような事態になることを教えてくれる実例を 1 つ紹介したい。これは，第 2 言語習得の入門書 (Gass & Selinker 2008) で実際に紹介されたものである。沖縄で開催された G8 サミットで，日本の首相が米国大統領を迎える場面で起きたやり取りである。首相はこれに備えて特訓を受けてきたらしいが，実際に大統領に会ってすっ

かり慌ててしまった状態だったのだろう。

> Prime Minister Mori:　Who are you?
> President Clinton:　　I'm Hillary Clinton's husband.
> Prime Minister Mori:　I am too.

'How are you?' と言うべきところを 'Who are you?' と言ってしまった，あるいは，そう大統領には聞こえてしまったのであるが，首相はそれに気づかず，通常は 'How are you?' に対しては，'I'm fine. And you?' などと応じると練習してきたので，てっきり大統領はそう応じてきたものと思い込んで，すかさず 'I am too.' と言葉を返してしまったというわけである。緊張からきたミスではあるが，言葉の持つ意味や機能，それが使われる場面や状況などがしっかり身についていなければ，たとえ形式的には問題のない言葉でも，選択が適切でなければこのような事態になることを教訓として教えてくれる逸話である。

　ちなみに，森首相の 'I am too.' を受けてクリントン大統領が何と返したかは伝わっていない。沈黙，あるいは苦笑いだろうか。興味のあるところである。

12.4　即興性 (impromptu / spontaneousness)

　そして，これからの英語科教育でつけたい第3の力は，**即興性**に関する力である。これまでのわが国における英語教育において課題となっていたのが，この即興性を意識した言語活動の不十分さである。その課題を受けて，学習指導要領（中学校英語）の「話すこと［やり取り］」では，以下の目標が設定されている。

> ア　関心のある事柄について，簡単な語句や文を用いて即興で伝え合うことができるようにする。（下線は著者）

それでは，そもそも「即興で伝え合うこと」とはどういうことを指すのだろうか。代表的な日本語辞典の1つである『広辞苑』第7版の「即興的」の項

を見ると，「興にのって即座に行うさま。（＊興＝おもしろく楽しいこと。おもしろみ。当座のたわむれ。座興。)」と出ている。そして，この定義の中にある「即座」を引くと，「すぐその場所。その場。即席。」となっている。したがって，これらの定義によれば，「即興で伝え合うこと」というのは「おもしろくその場で伝え合うこと」ということになるだろう。英語学習は楽しくなければならないが，興にのっておもしろく，その場で伝え合うことというのは，何となく分かるようでストンと落ちない説明である。

　そこで，即興，即興的にほぼ対応すると思われる英語の 'impromptu' と 'spontaneous' の説明を英英辞典 (*The American Heritage Dictionary, 5th Edition*, 2012) で調べてみた。すると，

> impromptu: Prompted by the occasion rather than being planned in advance. (事前に計画されたように行動するのではなく，むしろ，その場の状況に応じて行動すること。―著者訳)
>
> spontaneous: Happening or arising without apparent external cause. Voluntary or unpremeditated. (はっきりした外的原因がなくて起こること，または生じること。自発的またはあらかじめ計画されたものではないこと。―著者訳)

と出ている。この説明で注目すべきは，「**事前に計画されたものではないこと**」と「**その場の状況に応じて行うこと**」，そして，「**外的原因なしに自発的に生じること**」という表現である。こうしてみると，英語科教育の中でいう即興，即興的，あるいは即興性というのは，

1) 事前に原稿などを用意して行うやり取りではないこと
2) 教師の統制下に置かれたやり取りではないこと
3) 生徒自身の力で行う自発的なやり取りであること

という 3 点を満たすものと考えてよいのではないか。英語授業の山場となる言語活動や単元末に行う総括的な言語活動において，事前に生徒が**スクリプト（台詞）**を用意してやり取りを行わせることがあるが，このような活動に終始していては，生徒の即興力は身につかないということになる。そこで

以下では，これら 3 点を多かれ少なかれ満たすような具体的な言語活動をいくつか紹介してみたい。多くは，普段の授業で行っている活動に**ひと工夫**を加えるだけですぐに取り入れられる活動である。

　まず，ペアでやり取りさせる場面では，第 3 章で紹介した**回転木馬方式**の活動形態をとって，短時間にできるだけ多くの相手と対話できるようにすることである。いつも隣席の同じ生徒とのやり取りでは，相手の言動予測はある程度可能であるため，対話の内容が固定化して新鮮なやり取りはできない。相手が変われば相手がどのような発話をしてくるか予測できない部分も増えるため，その都度，即興的に適切な対応をしていかなければならないのである。

　次に，教師の提示する学習目標文をそのまま言語活動に使わせるのではなく，その一部の語句や表現を**自由**に**選択**させてやり取りさせる方法である。どこかに生徒の選択の余地があれば，生徒が即興で語句を選択せざるを得ない状況を作り出すことができる。例えば，以前参観した中学校の授業では，A: What were you doing at nine last night? B: I was watching TV. というやり取りを Small Talk の時間に行わせていたが，例えば，'at nine' の時間を 'seven' 'ten' などのように生徒に選択の余地を与えれば発話者も相手も即興性という負荷が幾分かかり，対話自体もより現実に即した生き生きとしたものに変わるだろう。

　次に紹介する言語活動も普段の授業で行っている教科書本文理解の深化・発展的活動の一環でもあり，かつ即興性を養うことのできる活動である。それは，教科書の対話文の末尾に**新たに登場人物のやり取りを追加**させる手法である。*Here We Go! English Course 2*, Unit 5 Part 3 から 1 つ例を挙げてみよう。Tina はお母さん（Ms. Rios）と弟の Nick と 3 人で防災バッグを準備している場面である。

Tina, Nick, and Ms. Rios are preparing an emergency bag:

Tina:　Here's an English pamphlet about earthquake evacuation. We made it in class.

Ms. Rios:　Oh, this is very useful. Is there any information about emergency bags?

Tina:　Here's a checklist of items.

Ms. Rios:　Good.　Let's see.　We should pack a flashlight, a radio, a map, and a whistle.

Tina:　Mom, you shouldn't forget some cat food for Flex.

Nick:　And ... cookies?

Tina:　OK, but I don't think you have to bring them all.

Tina の最後の発話の後に Nick か Ms. Rios の発言を加えるさせるため，"If you were Nick, what would you say after Tina?" や "If you were Ms. Rios, what would you say after Tina?" と教師は生徒に問う。生徒は即興的に，例えば，

(If I were Nick, I would say) <u>I know, but we need food! / I see. But can we take Flex with us?</u>

(If I were Ms. Rios, I would say) <u>You're right, Tina. And we can't pack so many things in the bag. / Tina, be nice to Nick. He is serious!</u>

などと想像するかもしれない。対話の流れや家族の関係に合致していれば，**特に決まった答えのない**結末を創作することができるだろう。

　また，教科書の対話文を利用して即興性を高める言語活動は他にも考えられる。例えば，上で取り上げた Tina らの対話文のように，英語教科書の対話文では紙幅の制約などから 1 人の発話が複数文に及ぶことが意外に多い。しかし，実際の英語対話では，1 人が長く喋り続け，他の参加者はじっと黙って聞いていることはまれである。あいづちなどを打って興味をもって聞いていることを相手に伝えたり，追加の質問をしたりすることが多い。そこで，原文を残しながらも複数文からなる発話をバラして**対話文を再構成**し，可能な限り自然なやり取りになるように，生徒に即興で対話を拡張させる活動である。上の対話文であれば，以下のようなワークシートを生徒に配布

し，即興で対話を完成させるのである。[3]

> Tina:　Here's an English pamphlet about earthquake evacuation.
>
> Ms. Rios:　(　　　　　　　a　　　　　　　)
>
> Tina:　(　　　　　　b　　　　　　). We made it in class.
>
> Ms. Rios:　Oh, this is very useful.
>
> Tina:　(　　　　　　c　　　　　　)
>
> Ms. Rios:　Is there any information about emergency bags?
>
> Tina:　Here's a checklist of items.
>
> Ms. Rios:　Good. Let's see.
>
> Nick:　(　　　　　　d　　　　　　)
>
> Ms. Rios:　We should pack a flashlight, a radio, a map, and a whistle.
>
> Tina:　Mom, you shouldn't forget some cat food for Flex.
>
> Nick:　And ... cookies?
>
> Tina:　OK, but I don't think you have to bring them all.

　第10章で検討した，統合的言語活動の例としてあげた**再話** (Retelling) も即興性を高める活動として有効であろう。教科書本文の概要・要点について，単に教科書本文の英語を丸ごと再話させるのではなく，要点を落とさずに，できるだけ自分の言葉で要約させたり，再話において高頻度で使われるプレハブ表現 (10.4 節を参照) に慣れさせたり，話題との関連で自分自身のことや感想，意見，評価を述べさせたりする指導もしていきたい。

　最後に，1 人の生徒が英語の単語を英語で**記述**し，ペアの相手やグループの構成員がその語を当てるという言語活動 (クイズ活動) を紹介したい。語を英語で記述するのは一見難しそうに思えるが，物などを**範疇** (category)，

---

[3]　(a) から (d) に入り得る発話例である。対話の流れに整合するものは他にも考えられるので，読者の皆さんの視点から新しい対話を考えていただきたい。
 a) Wow, an English pamphlet. How nice!
 b) Thank you for saying so.
 c) Really? I'm glad to hear that.
 d) What's on the list?

外観（appearance），機能（function）の3つの視点から分析すると意外に簡単に記述することができる。具体的には，以下のように各視点からの問い（解答者）とその応答（出題者）の仕方をまずクラス全体で練習した上で，ペアあるいはグループで活動を行うのである。

範疇（category）

（解答者）What kind of thing/animal/plant, etc. is it?

（出題者）It's a kind of animal/sport/building/kitchen utensil/stationary/food, etc.

外観（appearance）

（解答者）What does it look like? / What color/shape/etc. is it? / How big/heavy is it? / What does it feel/taste/smell/sound, etc. like? / What is it made of/from?

（出題者）It looks like a box. / It has four legs. It's not so big, this big. Its color is brown and white. It meows, sounds something like meow, meow. / It is made of wood/mental. / It is made from flour/rice, etc.

機能（function）

（解答者）How/When/Where do we use it? / Who uses it? / What do we use it for?

（出題者）We have it as a pet. / We use it when we drink water. / We use it in the kitchen. / School teachers do. / We use it for cooking. etc.

出題者（questioner）と解答者（answerer）とのやり取りを1つ以下に例示してみよう。ある英単語を想定しているので，やり取りの内容から答えを考えてみていただきたい。[4]

---

[4] 答えは 'giraffe' である。ちなみに，'giraffe' はアラビア語由来の語であるが，古くはギリシャ語から来た 'camelopard' という語がキリンを指す英語の言葉として使用されていた。まさに，'camel'（駱駝）と 'leopard'（豹）の合成語である。今は 'camelopard' は廃語になっている。

Q: It's a kind of animal.

A: OK. What color is it?

Q: Well, it's yellow and dark brown.

A: Yellow and dark brown.

Q: It runs very fast.

A: It runs very fast. Hmmm, where can we see it?

Q: OK. We can see it at the zoo or in the wild of Africa.

A: Hmmm, how tall is it?

Q: It's very tall, about 4 or 5 meters tall. It's a combination of camel and leopard.

A: OK, now, I got it!　It's (　　　　　　　). Right?

Q: That's right!

　なお，ここで紹介したのは**名詞**の例であるが，**動詞**，**形容詞**なども表現の工夫次第で出題は可能である。例えば，動詞 (to study) を出題する場合には，

When you do this, you go to your desk and open your textbook and notebook and take your pencil with you. You do this for doing your homework or passing the test.

のように，'When you do this, ...' などの表現を使用し，ヒントとなる具体的な内容を後続させることができる。また，形容詞 (naughty) を出題する場合には，

If you say someone is something like this, he or she does things badly, often says 'No' to the other's advice, or is very active and brave to take a risk.

のように，'If you say someone is something like this, ...' などの表現が使えるだろう。また，出題語が人ではなく事柄の場合には，'If you say something is like this, it ...' などの形式でヒントを出すことができる。

　ヒントの具体的な内容を英語で考える場合には，英英辞書の定義や解説が役立つだろう。使用する英語が比較的容易なオンライン辞書も無料で利用できるのでぜひ試してみていただきたい。[5]

第13章　指導計画，指導案の作成

13.1　授業計画と心構え

本書のまとめとして，生徒が輝く英語授業の創出を企図し，授業実践する際に行う学習材研究や単元の目標・授業計画の策定，指導案の構成と作成にあたっての留意点を述べた上で，指導案の実例を1つ示したい。

1)　単元と本時で導入する学習材（教材）の研究

年間指導計画の本単元の位置づけを確認した上で，この単元では，生徒にどのような力や態度を身につけさせるのかを定めるため，音声，語彙，文法，語用，社会・文化的要素など，あらゆる観点から単元全体の教科書本文を分析，整理する。これが不十分であれば，当該単元の学習成果は薄っぺらで厚みがないものに終わってしまいかねない。

2)　単元目標・授業計画の策定

学習材の研究結果を踏まえ，前単元の実践内容及び反省点，生徒の学習状況（診断的評価の結果を含む）等をもとに本単元の目標及び学習内容（目標・指導・評価），指導過程（学習過程・配時など），評価計画を決定する。

3)　本時の学習指導案の構成と作成

学習材の研究の結果と単元目標・計画を踏まえ，本時の学習指導案を作成する。学習指導案の一般的な構成要素は，以下のとおりである。

タイトル（本時の授業の教科名，日時，学年とクラス名，生徒数，場所）

授業者名

1　単元名

2　単元について（単元観，生徒観，指導観）

3　単元（題材）の目標

4　単元の評価規準（3つの観点別評価規準）

5　（単元の）指導と評価の計画（配当時間数：全○○時間）

6　本時の指導

(1)　本時の目標

(2)　観点別評価規準

(3)　準備物

(4)　学習の展開

(5)　ルーブリック評価

(6)　板書計画

4)　**学習指導案作成にあたっての留意事項**

・「単元について」では，**対象生徒の実態**，校内外でのこれまでの**学習経験**や**生活体験**，生徒につけさせたい力，**学力差**や**学習意欲**等の観点から指導する上で配慮すべき事柄について記述する。また，本単元の題材や学習材について，その**内容**や**価値**，**既習事項との関連性**，**系統性**などに触れながら，生徒にとって学ぶ意義について記述する。また，具体的な**指導の方法**や**手順**（過程），**学習形態の工夫**や取り入れたい**活動**などについても説明する。

・単元（題材）の目標および本時の目標は，**具体的な表現**で記述し，抽象的になったり，言語事項（文法項目）の学習・定着（**形式学習主義**）が主になったりしないようにする。生徒の興味・関心や生活体験等に密接に関連する内容で，本単元及び本時では最終的に**英語を通して何**

ができるか，英語でどのような**言語活動**ができるようになるか，どのような目的達成のために言語活動を行うのか（**目的達成主義**），などが具体的にイメージできる目標が望ましい。以下，望ましくない例（×）と望ましい例（○）を示す。

× 　現在進行形（be + V-ing）の使い方になれよう。

○ 　友達とシルエット・クイズで楽しく交流しよう。

　（シルエット・クイズ：Picture Card の一部を友達に見せ，友達はその人物の行動を当てる）

A:　Let's begin.　Please guess!　What's he/she doing?

B:　OK.　Let me try.　Mmm … he is fishing in the river.

A:　Good try, but not quite.

B:　Well … then … he is playing baseball.

A:　That's right.　This boy is playing baseball.　Good job!　Now your turn.

13.2　学習指導案のサンプル

　以下は，前節で示した授業計画の形式とそれを作成するにあたっての留意事項をもとにした実際の「英語科学習指導案」の例である。

第 2 学年 英語科学習指導案

令和 6 年 9 月 27 日金曜日　第 2 校時

2 年 A 組　生徒数 35 名

場所　2A 教室

指導者　西谷富太郎　印

1.　単元名

外国の生徒たちと交流しよう！（*New Crown English Series 2*, Lesson 5: Things to Do in Japan）

2. 単元について

○ 単元観

本単元は，ニュージーランドからやってくる生徒のためにジンとリクが歓迎会を考える場面が扱われている。また，会話文だけでなくインターネット上やメールでの情報が得られるような内容も含まれている。外国の生徒との交流がしやすくなった現代においてインターネットの情報などを用いたり，アンケート結果のグラフを読み取ったりしながら，交流する方法を考えることができるようになるために好適な単元である。また，本単元の内容を通して日本を客観視し，海外から来る人にとって日本で1番人気なものは何かを知り，これからの生活に活かすこともできる。

本単元の言語材料は，比較級 (-er, more, better)・最上級 (-est, most, best)・同等比較 (as＋原級＋as) である。また，単元を通して，2つの事柄を比較して表現したり，最も○○なもの・ことを表現したりする方法を生徒に身につけさせることができる単元である。

○ 生徒観

2学期を通して，グループでの話し合いや意見を模造紙にまとめ，英語でプレゼンをするなどの活動を行ってきた。その中で，既習事項を踏まえて自分の意見を述べたり，相手の意見に賛同したり，聞き手に分かりやすく話す力を身につけてきた。どの活動にも積極的に取り組む生徒が多く見受けられ，英語そのものを楽しんでいる雰囲気がある。

一方で，英語学習に苦手意識をもつことで，グループワークの参加に消極的であったり，自分の意見があってもそれを表現することに困難を示したりする生徒も見受けられる。まずは，プレハブ表現の積極的活用を促した上で，対話への苦手意識を払拭し，自分に自信を持って発言できるように導いていきたい。

○ 指導観

本学年の2学期の大単元ゴールは，修学旅行のプランを提案することである。その一環として，生徒たちは2学期の最初に行った "Every Drop Counts" (Lesson 3) では，There is ～，There are ～ や，現在進行形の表

現を学び，外国にはどんなものがあるか，その国や物事の様子の表現につい
て学んできた。また，前単元の "Uluru"（Lesson 4）でも，行ってみたい国
についての書く活動を通し，国や観光地についての表現方法について学んで
きた。

　2 学期中間の単元となる本単元の指導に当たっては，最初に，これまでの
単元の復習から入り，1 学期の単元と 2 学期の単元が関連していることに気
づかせることで，これまで学んだことを新単元で活かせるようにさせていき
たい。

3.　単元（題材）の目標

　ニュージーランドの姉妹校の生徒との交流会について書かれた英文を読
み，自分たちの交流会に参考になる情報の存在に気づき，交流したい国の情
報などを積極的に調べるとともに，物事を様々な角度から比較しながら，交
流会の具体的な内容を考えさせる。

4.　単元の評価規準

ア　知識・技能	イ　思考・判断・表現	ウ　主体的に学習に取り組む態度
〈知識〉比較級，最上級の使い方について理解し，交流会の決め手となる情報を理解している。〈技能〉比較級・最上級を用いて，聞き手に交流会の内容を伝える技能を身につけている。	交流したい国の情報などを活かしながら，交流会の内容を考え，相手に分かりやすく伝えられるよう，図や写真などを用いて工夫している。	交流したい国の情報などを活かしながら，交流会の内容を考え，聞き手に分かりやすく伝えようとしている。

5. 指導と評価の計画（全5時間）

時	学習内容	評価（○形成的評価，◎総括的評価）				
		知	思	態	評価規準	評価方法
1	☆本単元のゴール・イメージを共有する ⇒交流したい国の生徒に，日本の伝統や有名な物について紹介する。 ・教科書の本文内容を通して，交流するにあたって，他の国について学ぶために必要な情報を知る。 ・本文の中で，場面・状況から比較級 smaller，最上級の largest の機能に気づかせる。 ・Auckland について調べ，分かったことをグループで共有する。	○	○		・比較級・最上級の使い方 (-er than, -est) を理解できている。 ・交流したい国の情報などを調べてグループで共有している。	行動観察・WS点検 *(WS = work-sheet)
2 （本時）	○記事・ランキング表を読み取り，簡単な英語で説明する。 ・前時の学習を踏まえながら，場面・状況と3音節からなる形容詞や副詞の形式に気づき，本文理解を深める。 ・本文の内容から，交流する内容の決め方を考える。 ・ペアになり，1人が表を読み取り，その表について比較表現を用いながら相手に説明し，もう1人は正しい表を書くクイズを行う。	○	○		・3音節からなる形容詞や副詞(more ~, most ~) など場合の比較級・最上級の使い方を理解できている。 ・本文の内容から，交流する内容の決め方を把握している。	行動観察・WS点検

| 3 | ○インターネットの記事から，情報を得る。
・本文のインターネットの記事から分かることを整理し，観光客の感想が，交流会の内容に活かせることを学ぶ。
・同等比較の表現「as＋原級＋as」の使い方を学び，前時の内容と結びつけ，リクとジンが交流会の内容を cultural activities にした理由を考える。 | ○ | ○ | ・同等比較の表現「as＋原級＋as」の使い方を理解している。
・リクとジンが交流会の内容を cultural activities にした理由を把握できている。 | 行動観察・WS点検 |
| 4 | ○メールから分かる内容を表などにまとめる。
・メールの形式を学ぶとともに，情報を分かりやすく表にまとめる。
・メールの内容から，何について交流するのがよいのかグループで話す。 | ○ | ○ | ・メールの形式を理解し，情報を分かりやすく表にまとめることができている。
・交流内容について，グループ内で積極的に話し合おうとしている。 | 行動観察・WS点検 |

| 5 | ○自分の交流したい国の生徒と，日本の伝統や有名な物を使って交流するプランを立て，発表する。 | ◎ | ◎ | ◎ | ・比較表現などを正確に使用することができている。
・図や写真を用いて相手に分かりやすく伝えられるよう工夫している。
・外国の生徒と，日本の伝統や有名な物について聞き手にわかりやすいように発表しようとしている。 | パフォーマンステスト |

6. 本時の指導

(1) 本時の目標

記事・表を読み取り，ランキングの順位について簡単な英語で説明することができる。

(2) 観点別評価規準

○3音節からなる形容詞や副詞の場合の比較級・最上級の使い方を理解できている。【知識・技能】

○既習事項を踏まえ，英語で表現できている。【思考・判断・表現】

(3) 準備物

ワークシート，ランキング表

（4）　学習の展開（2/5）

分	学習活動	指導上の留意点	評価規準	評価方法
12	1. Greetings & Small Talk	・身長や年齢など，様々な観点から，家族や有名人などを比較しながらやり取りする。生徒同士によるあいさつを含める。「Open-Keep going-Close」を意識させる。（回転木馬方式）	【思考・判断・表現】既習表現を使い積極的に表現しようとしている。	活動観察
	2. Feedback	・Small Talk の結果から，友達のよかった点や発見したこと，戸惑った点を共有し次に活かす意識づけをする。		
	3. Review	・前時学習の本文について再話させる。（グループ→個人）		
8	4. Today's goal	・今日の目当ての確認をする。		
	【Today's Goal】記事・ランキング表を読み取って簡単な英語で説明しよう。			
20	5. Oral Interaction ・Introducing of today's lesson topics & new materials	・題材と新出単語を Oral Interaction を通して導入し，Reading の動機づけとスキーマの活性化を促す。 ・"more popular" "most popular" の働きに気づかせる。意味と形式の対応を確認した上で，口頭での簡単な練習を行う。	【知識・技能】比較級・最上級の働きと使い方を理解できている。	活動観察
	6. Listening & Reading （Macro）	・【マクロ】2回英文を聞かせた概要・要点を把握させる。後に，ランキング表を隠した本文のプリントを黙読させ，概要・要点，理解不十分な部分をチェックさせる。 ・本文の内容から，ランキングをまず個人で予想させ，各グループで確認，クラス全体で共有する。	【思考・判断・表現】既習事項を踏まえ，英語で表現できている。	CD，プリント ランク表

7	・Reading (Micro) ・Reading aloud 7. Retelling 8. Practice 9. Writing (Memo)	・【ミクロ】生徒とのやり取りを通して，語句の使い方 (on the list, them の指す内容など)，談話標識 (Then)，プレハブ表現 (I see. / I think~) など，今後の活動に活かせる表現に気づかせる。 ・音読練習を行う。(全体→ペア) ・本文の内容を再話させる。(個人→グループ→全体 (代表)) ・比較・最上級の表現を練習するため，別のランキング表を使って相手に説明させる。(クイズ形式) ・外国の生徒たちと交流会をするにあたって大切だと思ったことをメモせる。	【思考・判断・表現】交流会をするにあたって大事だと思ったことを的確にメモできている。	活動観察 ノート
3	10. Consolidation ・Wrapping-up ・Reflection ・Assignment 11. Greetings	・交流会で必要となる情報や決め手となる情報の見つけ方，考え方を生徒の意見に基づきクラス全体で共有する。 ・今回分かったこと，次回につながる振り返りを書かせる。 ・授業外の課題を確認する。 ・終わりのあいさつ		活動観察 振り返りシート

(5)　ルーブリック評価

評価の観点	知識・技能	思考・判断・表現
評価規準	3 音節からなる形容詞や副詞の場合の比較級・最上級の使い方を理解できている。	既習事項を踏まえ，英語で表現できている。
A（5 点）	3 音節からなる形容詞や副詞の場合には，faster, the fastest のような形式ではなく more popular, the most popular などのように more, most を使用することを理解した上で正しい比較表現を作ることができている。	様々な比較表現や前単元までに習得した既習事項を，場面・状況やコミュニケーションの目的に合致した適切な英語で表現できている。
B（3 点）	3 音節からなる形容詞や副詞の場合には，faster, the fastest のような形式ではなく more popular, the most popular などのように more, most を使用することを理解しているが時々 more faster のように混同してしまうことがある。	様々な比較表現や前単元までに習得した既習事項を，場面・状況やコミュニケーションの目的に概ね合致した英語で表現できているが多少課題がある。
C（1 点）	3 音節からなる形容詞や副詞の場合には，faster, the fastest のような形式ではなく more popular, the most popular などのように more, most を使用することを理解しておらず，かつ正しい比較表現を作ることもできない。	比較表現や前単元までに学習した既習事項を，場面・状況やコミュニケーションの目的に合致した英語で表現することがほとんどできていない。

152

(6)　板書計画

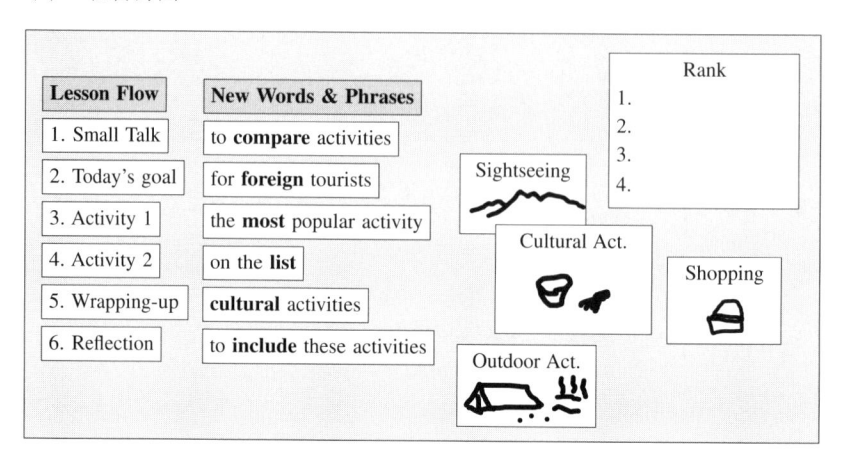

　ここで紹介した学習指導案は，あくまでも1つの例であって，地域や学校の事情などにより，取り上げる内容も形式も表現方法も多少異なるだろう。必要に応じて改変の上で，それぞれに適した指導計画，指導案を作成していただきたい。

参考文献

Cook, Vivian J. (2002). Background to the L2 user. In Vivian J. Cook(ed.), *Portraits of the L2 user*. Clevedon UK: Multilingual Matters. 1-28.

Corder, S. Pit (1967). The significance of learners' errors. *International Review of Applied Linguistics*, 5(4), 161-170.

Ellis, Nick C. (2003). Constructions, chunking, and connectionism: The emergence of second language structure. In Catherine J. Doughty & Michael H. Long (Eds.), *The handbook of second language acquisition* (pp. 63-103). Malden, MA.: Blackwell.

Gass, Susan M., & Larry Selinker (2008). *Second language acquisition: An introductory course*. 3rd ed. New York & London: Routledge.

Halliday, M. A. K., & Ruqaiya Hasan (1976). *Cohesion in English*. London, UK: Longman.

Ikeda, Makoto, Shinichi Izumi, Yoshinori Watanabe, Richard Pinner & Matthew Davis (2022). *Soft CLILL and English language teaching: Understanding Japanese policy, practice, and implications*. London & New York: Routledge.

Irwin, Judith W. (1991). *Teaching reading comprehension processes. 2nd ed.* Boston: Allyn and Bacon.

池上嘉彦 (1991). 『英文法を考える――〈文法〉と〈コミュニケーション〉の間――』東京：筑摩書房.

石田雅近・小泉仁・古家貴雄・加納幹雄・齊藤嘉則 (2020). 『改訂版 新しい英語科授業の実践』東京：金星堂.

和泉伸一 (2009). 『「フォーカス・オン・フォーム」を取り入れた新しい英語教育』東京：大修館書店.

和泉伸一 (2016). 『フォーカス・オン・フォームと CLIL の英語授業』東京：アルク.

向後秀明 (2019). 『平成 30 年版 学習指導要領改訂のポイント 高等学校外国語（英語）』東京：明治図書.

国立教育政策研究所・教育課程研究センター (2020). 『「指導と評価の一体化」のための学習評価に関する参考資料 中学校外国語編』東京：東洋館出版社.

Lieven, Elina, & Tomasello, Michael (2008). Children's first language acquisition from a usage-based perspective. In Peter Robinson & Nick C. Ellis (eds.), *Handbook of cognitive linguistics and second language acquisition* (pp. 168-

154

196). New York & London: Routledge.

Lyster, Roy, & Ranta, Leila(1997). Corrective feedback and learner uptake: Negotiation of form in communicative classrooms. *Studies in Second Language Acquisition, 20*, 37–66.

三浦孝・弘山貞夫・中嶋洋一（2002）.『だから英語は教育なんだ 心を育てる英語授業のアプローチ』東京：研究社.

Mehisto, P., D. Marsh, & M. J. Frigols (eds.) (2008). *Uncovering CLILL. Content and language integrated learning in bilingual and multilingual education.* Oxford: Macmillan.

Murahata, Goro (2010). Multi-cognition in child L2 users: More evidence from an object categorization task by Japanese elementary school children. *Research Reports of Kochi University, Vol. 59.* 131–146.

村端五郎（2015）.「語用論における言語的非決定性の批判的再検討」『宮崎大学教育文化学部研究紀要』130 周年特別号，1–18.

村端五郎（2018）.『英語教育のパラダイムシフト』東京：松柏社.

Murahata, Goro(2019). A socio-pragmatic exploration into the realization of the prefabricated expressions *Excuse me* and *I'm sorry* by Japanese L2 users of English. *Memoirs of Faculty of Education, University of Miyazaki, Vol. 93*, 52–64.

村端五郎（2020）.『英語プレハブ表現 317』東京：開拓社.

村端五郎・高知県田野町幼少中連携英語教育研究会編著（2005）.『幼少中の連携で楽しい英語の文字学習』東京：明治図書.

村端五郎・村端佳子（2016）.『第 2 言語ユーザのことばと心』東京：開拓社.

Murahata, Goro, Yoshiko Murahata, & Vivian J. Cook (2016). Research questions and methodology of multi-competence. In Vivian J. Cook & Li Wei (eds.), *The Cambridge handbook of linguistic multi-competence* (pp. 26–49). Cambridge, UK: Cambridge University Press.

Murahata, Goro, & Yoshiko Murahata (2017). Classroom communicative competence and conversational routines/patterns for interactive L2 users in the Japanese EFL context. *Annual Review of English Language Education in Japan (ARELE)* (The Japan Association of English Language Education), *No. 28,* 17–32.

村端佳子・村端五郎（2017）.「小学校英語資料における言語材料に関する一考察——あいさつ表現としての "How are you?" に対する応答を中心に——」『教育科学論集』（宮崎国際大学教育学部）第 4 号，12 月，16–27. (https://www.mic.ac.jp/issue/education/2017)

村端五郎・村端佳子（2020）.「用法基盤モデルの言語習得観にもとづく小学校英語の展開」『JES Journal』小学校英語教育学会，No. 20, 148–163.

Nuttall, Christine (2005). *Teaching reading skills in a foreign language*. Oxford: Macmillan.

Richards, Jack C. (1980). Conversation. *TESOL Quaterly, 14*(4), 413-432.

杉本義美 (2006).『中学校英語授業 指導と評価の実際 確かな学力をはぐくむ』東京：大修館書店.

田中武夫・田中知聡 (2009).『英語教師のための発問テクニック』東京：大修館書店.

田中武夫・辻智生 (2015).「推論発問および評価発問を活用した英語リーディング指導の実践——高等学校における1年間の実践事例を通して——」『教育実践学研究』山梨大学教育人間科学部附属教育実践総合センター，159-171.

津曲康夫 (2018).「児童が英語を聞くこと・話すことのできるようになる外国語活動の指導方法〜意図的・計画的・継続的な常時学習活動「コミュニケーション・タイム」の指導を通して〜」平成30年度 第9回教育実践顕彰1席（日本教育会会長賞）受賞論文（非公刊論文）.

東京都教育委員会 (2016).『中学校英語科教師のための指導資料』東京：東京都教育委員会.

https://www.kyoiku.metro.tokyo.lg.jp/school/document/global/files/junior_high/english1_1.pdf

Via, Richard A., & Larry E. Smith (1983). *Talk and listen: English as an international language via drama techniques: Teachers' book*. New York: Pergamon Press.

山田誠志 (2018).『自分の本当の気持ちを「考えながら話す」小学校英語授業：使いながら身に付ける英語教育の実現』東京：日本標準.

山田誠志 (2022).『全国の実戦から学ぶ中学校英語教育35のポイント』東京：日本標準.

Willis, Jane (1981). *Teaching English through English*. Essex, UK: Longman.

索 引

1. 日本語は五十音順に並べてある。
2. 数字はページ数を示し，重要度の高いページは太字とした。

【著者紹介】

村端　五郎（むらはた　ごろう）　高知大学名誉教授，宮崎大学名誉教授。

［略　歴］
北海道佐呂間町生まれ。兵庫教育大学大学院教育学研究科修了（教育学修士）。北海道公立中高等学校（教諭），北海道教育大学教育学部・大学院教育学研究科（助教授），高知大学人文学部・大学院人文社会科学研究科（教授），武庫川女子大学文学部（教授），米国ワシントン州学校法人 Mukogawa Fort Wright Institute, Spokane（執行副学長），宮崎大学教育学部（教授）を経て現在高知大学（非常勤講師）共通教育及び教育学部専門科目・中等英語科教育法を担当。

［関心領域］
応用言語学，第 2 言語習得，英語教育学，高知の英学史。

［主な著書］
『幼小中の連携で楽しい英語の文字学習』（編著，明治図書），『オーラル・コミュニケーション：考え方と進め方』（共訳，大修館書店），『スピーキングの指導とテスト』（共訳，桐原書店），『英語授業実例事典』，『英語授業実例事典 II』（共著，大修館書店），*The Cambridge handbook of linguistic multi-competence*（共著，Cambridge University Press, Chapter 2: Research questions and methodology of multi-competence, 共著），『第 2 言語ユーザのことばと心』（共著，開拓社），『英語教育のパラダイムシフト』（松柏社），『英語プレハブ表現 317』（開拓社）

［主な学術論文］
Linguistic multi-competence in the community: The case of a Japanese plural suffix *-tachi* for individuation（共著），*Applied Linguistics Review 14*(4)（2023），899–918.

小学校英語資料における言語材料に関する一考察──あいさつ表現としての "How are you?" に対する応答を中心に──（共著）『教育科学論集』（宮崎国際大学教育学部）第 4 号（2017），16–27.

A critical analysis of the interjections 'Oh' and 'Ah' in MEXT authorized English textbooks. *Annual Review of English Language Education*, *No. 29*（2018），49–64.
　　Available at: https://www.jstage.jst.go.jp/article/arele/29/0/29_49/_pdf/-char/ja

Classroom communicative competence and conversational routines/patterns for interactive L2 users in the Japanese EFL context（共著）．*Annual Review of English Language Education in Japan, No. 28*（2017），17–32.

DOI: https://doi.org/10.20581/arele.28.0_17
Linguistic multi-competence and its implications for English education in Japan（共
　著）．*Annual Review of English Language Education, No. 27*（2016），49-64.
　DOI: https://doi.org/10.20581/arele.28.0_17

［受賞歴］
小学校英語教育学会・学会賞，受賞論文：「用法基盤モデルの言語習得観にもとづく
小学校英語の展開」（共著）『JES Journal』，No. 20（2020），148-163.

生徒が輝く英語科授業の創出
—「やめる勇気」と「一歩踏み出す勇気」をもって—

著　者	村 端 五 郎
発行者	武 村 哲 司
印刷所	日之出印刷株式会社

2024 年 11 月 14 日　第 1 版第 1 刷発行©

発行所　　株式会社　開 拓 社	〒112-0003　東京都文京区春日 2-13-1 電話　（03）6801-5651（代表） 振替　00160-8-39587 https://www.kaitakusha.co.jp

ISBN978-4-7589-2409-2　C3082